KB182704

초등 문해력
향상 프로그램
어휘편

어휘가 보여야
문해력이 자란다

문해력 잡는
초등 어휘력

A-4 단계
· 초등 2~3학년 ·

초등교과서에 나오는 과목별 학습개념어 총망라
★ 문해력 183문제 수록! ★

아울북

문해력의 기본,
왜 초등 어휘력일까?

21세기 교육의 핵심은 문해력입니다. 국어 사전에 따르면, 문해력은 '문자로 된 기록을 읽고 거기 담긴 정보를 이해하는 능력'입니다. 여기에 더해 글을 비판적으로 읽고 자신만의 관점을 가지는 것 역시 문해력이지요. 그러기 위해서는 문장을 이루고 있는 어휘의 뜻을 정확히 알고, 해당 어휘가 글 속에서 어떤 역할을 하고 있는지 깨닫는 과정이 필요합니다.

초등학교 3~4학년 시절 아이들이 배우고 쓰는 어휘량은 7,000~10,000자 정도로 급격하게 늘어납니다. 그중 상당수가 한자어입니다. 그렇기에 학년이 올라가면서 교과서와 참고서, 권장 도서 들을 받아드는 아이들은 혼란스러워 합니다. 해는 태양으로, 바다는 해양으로, 세모는 삼각형으로, 셈은 연산으로 쓰는 경우가 부쩍 늘어납니다. 땅을 지형, 지층, 지상, 지면, 지각처럼 세세하게 나눠진 한자어들로 설명합니다. 분포나 소통, 생태처럼 알 듯 모를 듯한 어려운 단어들이 불쑥불쑥 등장하기 시작합니다.

우리말이니까 그냥 언젠가 이해할 수 있겠지 하며 무시하고 넘어갈 수는 없습니다. 초등학교 시절의 어휘력은 성인까지 이어지니까요. 10살 정도에 '상상하다'나 '귀중하다'와 같이 한자에서 유래한 기본적인 어휘의 습득이 마무리된다는 연구 결과를 내놓은 학자도 있습니다. 반대로 무작정 단어 뜻을 인터넷에서 검색하고 영어 단어를 외우듯이 달달 외우면 해결될까요? 당장 눈에 보이는 단어 뜻은 알 수 있지만 다른 문장, 다른 글 속에 등장한 비슷한 단어의 뜻을 유추하는 능력은 길러지지 않습니다. 문해력의 기초가 제대로 다져지지 않는다는 의미입니다.

결국 자신이 정확하게 알고 있는 단어를 통해 새로운 단어의 뜻을 짐작하며 어휘력을 확장시켜 가는 게 가장 좋습니다. 어휘력이 늘어나면 교과 개념을 정확하게 이해하고, 학습 내용도 빠르게 습득할 수 있지요. 선생님의 가르침이나 교과서 속 내용이 무슨 뜻인지 금방 알 수 있으니까요. 이 힘이 바로 문해력이 됩니다. 〈문해력 잡는 초등 어휘력〉은 어휘력 확장을 통해 문해력을 키우는 과정을 돕는 책입니다.

정춘수 기획위원

문해력 잡는 단계별 어휘 구성

〈문해력 잡는 초등 어휘력〉은 사용 빈도수가 높은 기본 어휘(씨글자)240개와 학습도구어와 교과내용어를 포함한 확장 어휘(씨낱말) 260개로 우리말 낱말 속에 담긴 단어의 다양한 뜻을 익히고 이를 통해 문해력을 키우는 프로그램입니다. 한자의 음과 뜻을 공유하는 낱말끼리 어휘 블록으로 엮어서 한자를 모르는 아이도 직관적으로 그 관계를 파악할 수 있습니다. 초등 기본 어휘와 어휘 관계, 학습도구어, 교과내용어 12,000개를 예비 단계부터 D단계까지 전 24단계로 구성해 미취학 아동부터 중학생까지 수준별 학습이 가능합니다. 어휘의 어원에 따라 자유롭게 어휘를 확장하며 다양한 문장을 구사하는 능력을 기르는 동안 문장 사이의 뜻을 파악하는 문해력은 자연스럽게 성장합니다.

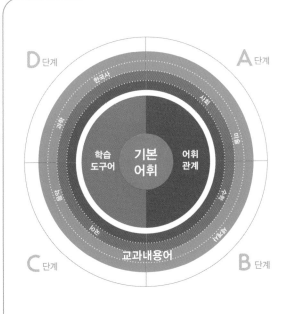

기본 어휘
초등 교과서 내 사용 빈도수가 높고, 일상적인 언어 활동에서 기본이 되는 어휘

어휘 관계
유의어, 반의어, 동음이의어, 도치어, 상하위어 등 어휘 사이의 관계

학습도구어
학습 개념을 이해하고 논리적으로 설명하는 과정에 쓰이는 도구 어휘

교과내용어
국어, 수학, 사회, 과학, 한국사, 예체능 등 각 교과별 학습 내용을 정확히 이해하는 데 필요한 개념 어휘

어휘력부터 문해력까지, 한 권으로 잡기

씨글자 | 기본 어휘

기본 어휘
하나의 씨글자를 중심으로
어휘를 확장해요.

낱말밭 | 어휘 관계

어휘 관계
유의어, 반의어, 전후
도치어 등의 어휘 관계를
통해 어휘 구조를 이해해요.

씨낱말 | 교과내용어

확장 어휘
둘 이상의 어휘 블록을
연결하여 씨낱말을 찾고
어휘를 확장해요.

어휘 퍼즐

어휘 퍼즐
어휘 퍼즐을 풀며 익힌 어휘를
다시 한번 학습해요.

종합 문제

종합 문제
종합 문제를 풀며
어휘를 조합해 문장으로
넓히는 힘을 길러요.

문해력 문제

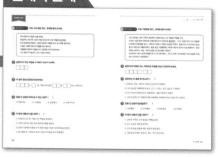

문해력 문제
여러 어휘로 이루어진 문장의 의미를
파악하고 글의 맥락을 읽어 내는
문해력을 키워요.

혼자서도 척척 스스로 자

自
자기 자

하하. 우습긴 해도 '자뻑'이란 말을 쓰면 곤란해요.
그럼 대신 쓸 수 있는 말이 있을까요?
물론 있지요! 자화자찬이라고 하면 되겠네요.
자기가 한 일을 자기가 칭찬한다는 말이에요.

> 그럼 자기가 원해서 봉사하는 것은 뭐라고 할까요? (   )
>
> ① 자원 봉사   ② 지원 봉사   ③ 노력 봉사

정답은 ①번, 자원(自願) 봉사예요.
눈치 빠른 친구들은 벌써 알았겠지만,
여기서 자(自)는
'자기 자신'
또는 '나'를 뜻해요.
자화상은 어떤 그림일까요?
자화상은 자기가 자기 모습을
그린 그림을 말해요.

🔔 '자뻑'은 인터넷 신조어예
요. 인터넷 신조어는 잘 가려
써야 해요.

自	자기 자

自	願
자기 자	원할 원
자기가 원함	

■ **자화자찬**
(自 畵그림 화 自 讚칭찬할 찬)
자기가 한 일을 자기가 칭찬함
■ **자화상**(自畵 像모습 상)
자기가 자기 모습을 그린 것

自	尊	心
자기 자	높일 존	마음 심

자기를 높이는 마음

■ **자유**(自 由마음먹을 유)
자기가 마음먹은 대로 함

■ **자서전**(自 敍쓸 서 傳전기 전)
자기가 쓴 자기 전기

■ **자작곡**(自 作만들 작 曲노래 곡)
자기가 만든 노래

■ **자포자기**
(自 暴해칠 포 自 棄버릴 기)
자기를 해치고 버림

■ **자신감**(自 信믿을 신 感느낌 감)
자기를 믿는 마음

오이가 못 알아들은 자존심은 무슨 말일까요?

자존심(自尊心)은 나를 높이는 마음이에요. 자기를 소중하게

여기는 마음이지요. 그러니까 엄마는 오이를 칭찬한 거였군요.

자(自)는 또 어떤 말에 쓰일까요?

빈칸을 채워 보면서 알아봐요.

내가 마음먹은 대로 하는 것은 ☐유,

자기가 쓴 자기 전기는 ☐서전,

자기가 만든 노래는 ☐작곡.

🔔 전기
한 사람이 일생 동안 겪은 일을
글로 적은 거예요.

배추 씨, 자포자기하지 말아요, 자신감을 가지라고요!

자포자기는 자기를 해치고 버린다는 뜻이에요.

자포자기하면 절망에 빠져서 스스로를 포기하고

아무렇게나 행동하기 쉬우니 조심해야 돼요.

반대로, 자기를 믿는 마음은 자신감이에요.

自	스스로 자

自	律
스스로 자	규칙 율

스스로 규칙을 정함

- **자습**(自 習익힐습)
  스스로 공부함
- **자치**(自 治다스릴치)
  스스로 다스림
- **주민자치**(住살주 民백성민 自 治)
  주민 스스로 해결함

이렇게 누가 시키지 않아도 스스로 알아서
규칙을 정하는 것을 자율(自律)이라고 해요.
시키는 사람이 없어도 스스로 알아서 공부하는
것은 자습이에요.
가끔 학교에서도 자습 시간이 있잖아요.
자습 시간에는 의젓하게 혼자 공부할 줄 알아야겠죠?
스스로 다스리는 것은 자치라고 해요. 주민자치는 동네에서 생
기는 일을 주민이 스스로 알아서 해결하는 걸 말하죠.
이렇게 자(自)에는 '스스로'라는 뜻이 있어요.

自	然
스스로 자	그럴 연

스스로 그렇게 됨

- **자연**(自 然)**스럽다**
  사람이 손대거나 바꾼 흔적이
  없다

누가 시키지 않아도 봄이 되면 꽃이 피고,
가을이면 단풍이 져요.
자연(自然)은 이렇게 스스로 그렇게 되는 거예요.
자연스럽다라는 말은 사람이 손대거나 바꾼
흔적이 없다는 뜻이죠.

自	자기 힘으로 **자**

自	動
자기 힘으로 **자**	움직일 **동**
자기 힘으로 움직임	

■ **자립**(自 효일어설 립)
혼자 힘으로 일어섬

■ **자명종**(自 鳴울 명 鐘종 종)
혼자서 종소리를 내는 시계

우아! 착한 어린이들이네요.

엄마가 시키지도 않았는데 스스로 움직였잖아요.

그런데 자동(自動)이 무슨 말인지 알아요?

자동은 자기 힘으로 움직인다는 말이에요.

자(自)에는 이렇게 '혼자, 자기 힘으로'라는 뜻도 있거든요.

뜻을 생각하면서 빈칸을 채워 볼까요?

혼자 힘으로 일어서는 것은 ☐립,

혼자서 종소리를 내는 시계는

☐명종 시계라고 하지요.

🔔 **이런 말도 있어요**

지구는 처음 생길 때부터 돌고 있었고, 지금도 돌고 있대요.

팽이가 돌듯이, 자기 혼자 말이에요. 이렇게 지구가

혼자 힘으로 스스로 도는 것을 자전이라고 해요.

■ **자전**(自 자기 힘으로 자 轉돌 전) 자기 힘으로 도는 것

자화자찬	자원	자화상	자서전	자동
자율	자습	자치	자연	자명종	자립

自
자기 **자**

자원
자화자찬
자화상
자존심
자유
자서전
자작곡
자포자기
자신감
전기

① 공통으로 들어갈 한자를 따라 쓰세요.

```
   원                                                  율
   유 ─ 존 심 ─ 自 ─ 화 찬 ─ 립
   연           자기 자                                 치
```

② 어떤 낱말에 대한 설명인지 쓰세요.

1) 자기가 마음먹은 대로 함 ➡ ☐☐

2) 자기 힘으로 움직임 ➡ ☐☐

3) 스스로 그렇게 됨 ➡ ☐☐

4) 자기를 믿는 마음 ➡ ☐☐☐

5) 자기가 한 일을 자기가 칭찬함 ➡ ☐☐☐☐

③ 알맞은 낱말을 찾아 문장을 완성하세요.

1) 스스로 원해서 해야 참된 ☐☐ 봉사이지요.

2) 지구가 ☐☐ 하는데, 왜 어지럽지 않을까?

3) 우리 형은 ☐☐☐ 이 얼마나 세다고.

4) 도전에 실패했다고 ☐☐☐☐ 하지 말고 힘을 내자!

5) 이번 노래는 제가 어린 시절에 만든 ☐☐☐ 입니다.

4 문장에 어울리는 낱말을 골라 ○표 하세요.

1) 오늘은 자기 모습을 그리는 (자서전 / 자화상)을 그려 봅시다.

2) 정각이 되면 스스로 뻐꾹뻐꾹! 완전 (자동 / 자립)으로 움직이네.

3) 가을이 되니, 단풍이 (사치 / 자연)스럽게 물들었어.

4) 내가 원해서 (자원 / 자유) 봉사를 하니 기분이 더 좋네.

| 자율 |
| 자습 |
| 자치 |
| 주민자치 |
| 자연 |
| 자연스럽다 |
| 자동 |
| 자립 |
| 자명종 |
| 자전 |

5 그림을 보고, 빈칸에 들어갈 알맞은 낱말을 쓰세요.

→ 지구가 스스로 도는 것을 ☐☐(이)라고 해요.

6 그림을 보고, 빈칸에 들어갈 알맞은 낱말을 쓰세요.

→ 산, 들, 시냇물과 나무, 꽃은 모두 우리 주변에 있는 ☐☐이에요.

동물도 자동차도 가는 거야!

動
움직일 동

흰둥아, 사진 찍게 움직이지 말고 가만있어 봐.

동물인데 어떻게 안 움직여?

동물은 왜 가만있지 못하고 계속 움직이는 걸까요?
아래 그림에서 동물인 것에 ○표 하면서 생각해 봐요.

다 잘 맞혔지요?
동물은 사자, 오리, 메뚜기예요.
이러한 동물들은 모두 흰둥이처럼 혼자서 움직일 수 있어요.
이렇게 혼자 움직이는 생물을 동물(動物)이라고 해요.
이렇게 동(動)은 움직임과 관련된 말에 쓰여요.

動	움직일 동

動	物
움직일 동	물건 물
움직이는 생물	

🔔 식물은?
심을 식(植), 물건 물(物).
땅에 심어져 있어서 동물과는
달리 혼자서는 못 움직이죠.

흰둥이가 계속 몸부림을 치면 어떻게 사진을 찍을까요?
그럴 때 필요한 것은 바로 동영상이에요.
동영상은 화면에 비치는 움직이는 모습을 찍은 거잖아요.
영화나 텔레비전 방송처럼요.
자, 그럼 여기서 알쏭달쏭 퀴즈!

나는 동물이 아니에요. 나는 물건이지요. 하지만 나는 누가 끌거나 밀지 않아도 움직일 수 있어요. 나는 무엇일까요? (   )

① 자동차   ② 식탁   ③ 메뚜기   ④ 달력

메뚜기? 에이, 메뚜기는 동물이잖아요.
정답은 ①번, 자동차죠.
이렇게 누가 끌거나 밀지 않아도
자기 힘으로 스스로 움직이는 것을
자동(自動)이라고 하거든요.
저절로 움직이는 문은 자동문,
자기 힘으로 움직이는 차는 자동차지요.

자동의 반대말은 수동(手動)이에요.
손으로 밀거나 끌어야 움직인다는 말이지요.
자동문은 저절로 열리지만,
수동문은 손으로 밀어야 열리잖아요.

■ **동영상**
(動映비칠영 像모습상)
화면에 비치는 움직이는 모습을 찍은 것

自	動
스스로 자	움직일 동
자기 힘으로 움직임	

■ **자동문**(自動 門문문)
저절로 움직이는 문
■ **자동차**(自動 車차차)
자기 힘으로 움직이는 차

手	動
손 수	움직일 동
손을 써서 움직임	

운동하는 그림에는 ○표, 아닌 그림에는 ×표를 해 보세요.

運	動
옮길 운	움직일 동
건강을 위해 몸을 움직임	

■ 운동화(運動 靴신발 화)
운동할 때 신는 신발
■ 운동복(運動 服옷 복)
운동할 때 입는 옷
■ 운동장(運動 場마당 장)
운동하는 넓은 마당

맞아요, 축구와 등산에는 ○표, 독서에는 ×표예요.
축구나 등산처럼 건강을 위해 몸을 움직이는 것을
운동(運動)이라고 하잖아요.
운동할 때 신는 신발은 운동화,
운동할 때 입는 옷은 운동복이에요.
운동할 땐 넓은 마당인 운동장으로 나가야겠죠?
이렇게 장소를 옮기려고 몸을 움직이는 것은
이동(移動)이라고 해요.

移	動
옮길 이	움직일 동
몸을 움직여 장소를 옮김	

자아~
선생님 동작을
따라 해 봐요

어떻게 하라는
거야. ㅠㅠ

動	作
움직일 동	만들 작
움직임을 만듦, 움직임	

동작을 따라 하라고요? 어떻게 하라는 뜻일까요?
동작(動作)은 움직임을 만드는 것, 즉 움직임이에요.
그러니까 선생님이 움직이는 대로 똑같이 하라는 말이군요.
허리가 없는 감자 군에게는 힘든 동작이네요.

행동(行動)은 몸을 움직여 어떤 일을 한다는 뜻이에요.
말만 하고 행동으로 실천하지 않으면 사람들이 믿지 않겠죠.

行 할 행	動 움직일 동
몸을 움직여 어떤 일을 함	

어, 좀 이상한 대답이네요.
어떤 분야에서 열심히 움직이는 것은 행동이 아니라,
활동(活動)이라고 말해요.
그림 그리기는 미술 활동이죠. 그럼 노래하기와
악기 연주는 뭐라고 할까요?
그건 음악 활동이라고 해요.
그런데 몸뿐 아니라 마음도 움직일 수
있을까요? 그럼요, 좋은 책이나 영화를 보면
마음이 뭉클하잖아요? 그렇게 어떤 느낌이
들어서 마음이 움직이는 것을 감동(感動)
이라고 해요.

活 활발할 활	動 움직일 동
활발하게 어떤 일을 함	

感 느낄 감	動 움직일 동
느낌을 받아 마음이 움직임	

동물   동영상   자동문   자동차   운동화

운동복   수동   동작   행동   활동   감동

動
움직일 동

동물

식물

동영상

자동

자동문

자동차

수동

운동

① 공통으로 들어갈 한자를 따라 쓰세요.

물
작
운 장
動
움직일 **동**
영 상
이
활

② 어떤 낱말에 대한 설명인지 쓰세요.

1) 자기 힘으로 움직이는 차 ➡ ☐☐☐

2) 움직이는 생물 ➡ ☐☐

3) 손을 써서 움직임 ➡ ☐☐

4) 느낌을 받아 마음이 움직임 ➡ ☐☐

5) 활발하게 어떤 일을 함 ➡ ☐☐

③ 알맞은 낱말을 찾아 문장을 완성하세요.

1) 해리포터는 참 ☐☐ 적인 책이야.

2) 체육 대회를 시작하기 전에 다같이 ☐☐☐ 에서 체조를 합니다.

3) 가을에는 철새가 남쪽으로 ☐☐ 을 하지요.

4) 흰둥이가 움직이는 모습을 ☐☐☐ 으로 촬영했어.

5) 너는 언제나 말보다 ☐☐ 이 앞서는구나.

4 문장에 어울리는 낱말을 골라 ○표 하세요.

1) 저절로 움직이는 (자동문 / 수동문)이니 밀지 마세요.

2) 물건을 던지는 것은 나쁜 (행동 / 감동)이야.

3) 자! 이렇게 선생님 (동작 / 활동)을 따라해 보세요.

4) 건강해지려면 축구, 줄넘기 같은 (이동 / 운동)을 해 보세요.

5 그림을 보고, 동물인 것에 ○표 하세요.

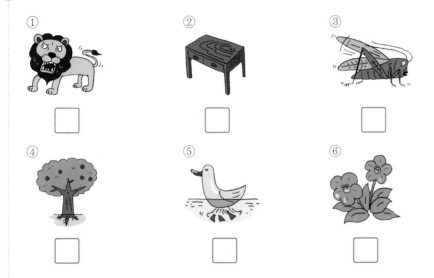

6 그림을 보고, 빈칸에 들어갈 알맞은 낱말을 쓰세요.

| 운동화 |
| 운동복 |
| 운동장 |
| 이동 |
| 동작 |
| 행동 |
| 활동 |
| 감동 |

안으로 들고
밖으로 나고

임금님이 들라고 하셨네요. 그런데 무슨 말인지 모르겠어요.
위의 그림에서 영의정 대감은 어떻게 해야 할까요?
②번처럼 안으로 들어가야겠지요?
'들라'는 안으로 들어오라는 말이니까요.
밖에서 안으로 움직이는 건 들다,
안에서 밖으로 움직이는 건 나다라고 해요.
'들다'와 '나다'가 들어가는 말을 더 알아볼게요.
밖에서 안으로 오는 것은 들어오다.
안에서 밖으로 가는 것은 나가다라고 하죠.

이제 뜻을 생각하면서
빈칸을 채워 볼까요?
밖에서 안으로 옮겨 서면 □어서다.
밖에서 안으로 옮겨 자리 잡으면 □어앉다.
안에서 밖으로 옮겨 서면 □서다.
안에서 밖으로 옮겨 자리 잡으면 □앉다.

들다
밖에서 안으로 움직이다

■ 들어오다
■ 들어서다
■ 들어앉다

나다
안에서 밖으로 움직이다

■ 나가다
■ 나서다
■ 나앉다

그런데 '들다'와 '나다'가
한 낱말에서 함께 쓰일 때도 많아요.
그럴 땐 글자 모양이 조금씩 바뀌지요.
드나들다는 자꾸만 들어왔다 나갔다
하는 걸 말해요.
오른쪽의 작은 다람쥐는 겨울에
먹을 도토리 때문에 여러 번
드나든 건데, 꾸중을 들어서
속상하겠네요. 그렇죠?
드나들다와 비슷한 말로는 들락날락하다가 있어요.

- 드나들다
- 들락날락
- 들쑥날쑥
- 들숨
- 날숨

들쑥날쑥이란 말도 있지요.
들어간 곳도 있고, 나온 곳도 있어서
가지런하지 않은 모양을 가리키는
말이에요.

자, 지금까지 배운 '들다'와 '나다'의
뜻을 생각하면서 빈칸을 채워 볼까요?
입에서 내쉬는 숨은 □숨,
입으로 들이쉬는 숨은 □숨.

🔔 나들목
차가 드나드는 길목을 '나들목'
이라고 해요.

들이대지 좀 마아.

아니…난 그냥…어푸… 지나가려고…

귀찮아

들이-
안쪽을 향해
아주 심하게, 세게

- 들이대다
- 들이닥치다
- 들이밀다
- 들이받다
- 들이치다

하하, 그냥 지나가려 한 것뿐인데, 오해했군요!
'대다'에 '들이'를 붙이면
아주 바싹 끌어다 댄다는 말이 돼요.
들이는 이렇게 '아주 심하게'라는 뜻을
가지고 있지요.

카메라를 아주 바싹 끌어다 대는 것도 카메라를 **들이대다**야.

그럼 들이닥치다는 무슨 말일까요? (   )

① 입을 세게 다물다   ② 갑자기 도착하다

좀 어렵나요?
정답은 ②번, 갑자기 도착하다는 뜻이에요.
여기서 '닥치다'는 '도착하다'를 뜻해요.
'들이'가 붙어 갑자기 도착한다는 뜻이 되었죠.
'들이'가 붙어 뜻이 강해지는 말은 모두
바깥쪽에서 안쪽을 향하는 행동을 나타내요.
그럼 뜻을 생각하면서 빈칸을 채워 볼까요?
안으로 세게 밀어 넣으면 □□밀다,
안으로 세게 받으면 □□받다.
또 있어요.
□□치다는 안으로 세게 부딪친다는 말이에요.

🔔 들이켜다
물이나 음료수를 급하게 마시는 것은 '들이켜다'라고 해요. 물을 마실 때도 물이 몸 안으로 들어가잖아요.

내-

바깥쪽을 향해 힘차게 마구

- 내뿜다
- 내던지다
- 내동댕이치다
- 내팽개치다
- 내빼다
- 내쫓다

하하. 과연 돼지 군이 하늘을 날 수 있을까요?

내뿜다는 '내'와 '뿜다'가 합쳐진 말이에요.

내가 붙어서 밖을 향해 힘차게

마구 뿜는다는 뜻이 되었지요.

'내'가 붙는 말들을 더 알아볼까요?

'던지다'에 '내'가 붙은 내던지다는

'아무렇게나 마구 던지다'란 뜻이에요.

비슷한 말로 내동댕이치다도 있어요.

더 세고 강하게 표현하고 싶으면

내팽개치다라고 말하면 돼죠.

모두 '내'가 붙어서 바깥쪽을 향해 마구 던진다는 말이 됐어요.

지금까지 배운 것을 생각하면서 빈칸을 채워 볼까요?

☐ 빼다는 무언가를 피해 마구 달아나다란 뜻이고,

☐ 쫓다는 밖으로 마구 몰아내다는 말이죠.

들다
나다

들다

들어오다

들어서다

들어앉다

나다

나가다

나서다

나앉다

드나들다

들락날락

들쑥날쑥

들숨

날숨

1 공통으로 들어갈 낱말을 쓰세요.

어 오 다		가 다
어 서 다		서 다
어 앉 다		앉 다

2 어떤 낱말에 대한 설명인지 쓰세요.

1) 입으로 들이쉬는 숨 → ☐☐

2) 차가 드나드는 길목 → ☐☐☐

3) 들어간 곳도 있고, 나온 곳도 있어서 가지런하지 않은 모양

→ ☐☐☐☐

4) 아무렇게나 마구 던지다 → ☐☐☐☐

5) 안으로 세게 밀어 넣다 → ☐☐☐☐

3 알맞은 낱말을 찾아 문장을 완성하세요.

1) 추우면 안으로 ☐☐ 와.

2) 어제 배탈이 나서 밤새 화장실을 ☐☐☐☐ 했어.

3) 자동차가 배기가스를 ☐☐ 어서 공기가 나빠졌어.

4) 급하게 물을 ☐☐☐ 면 사레들리지.

5) 도둑은 경찰이 오자, 물건을 ☐☐☐☐ 고 도망갔어.

4 문장에 어울리는 낱말을 골라 ○표 하세요.

1) 입으로 내쉬는 (들숨 / 날숨)을 쉬어야지.

2) 카메라에 얼굴을 너무 가까이 (들이대면 / 들이켜면) 사진이 안 나와.

3) 다람쥐가 도토리를 가지고 자꾸만 집을 (들락날락 / 들쑥날쑥)하네.

5 그림을 보고, 영의정 대감이 해야 할 일에 ○표 하세요.

마마, 영의정 대감께서…

들라?!

오, 어서 들라!

① ② ③

6 그림과 어울리는 낱말을 연결하세요.

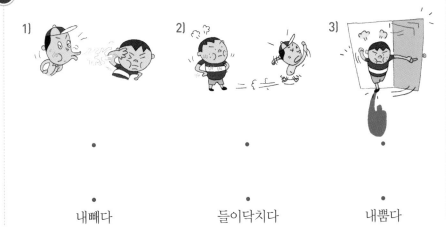

1)

2)

3)

내빼다   들이닥치다   내뿜다

나들목

들이대다

들이닥치다

들이밀다

들이받다

들이치다

들이켜다

내뿜다

내던지다

내동댕이치다

내팽개치다

내빼다

내쫓다

입에도 들어가고 입구에도 들어가고

入
들 입

우웩! 무엇이든 들어간 모양대로 나오는군요.
들어가는 곳은 입구, 나오는 곳은 출구예요.
우리 몸의 입구는 어디일까요?
음식이 들어가는 입이지 어디겠어요.
공원 입구에 사람이 많으면
새치기 하지 말고 차례차례 입장해야 해요.
입장(入場)은 어떤 곳에 들어가는 걸 말해요.
다음 빈칸을 채워 볼까요?
어떤 장소에 들어가려는 사람들은 □장객,
입장을 허락하는 표는 □장권이에요.
공연장이나 극장에 입장할 때 입장권을 보여 주잖아요.
이렇게 입(入)은 '들어가다' 또는 '들어오다'를 뜻해요.
산에 들어가는 것은 입산,
궁궐에 들어가는 것은 입궁이에요.
어떤 나라에 들어가는 것은 입국(入國)이지요.
그럼 나라 밖으로 나가는 것은요?
맞아요. 출국이에요.

入 들 입

- **입구**(入 口장소 구)
들어가는 곳
- **입산**(入 山산 산)
산에 들어감
- **입궁**(入 宮궁궐 궁)
궁궐에 들어감
- **입국**(入 國나라 국)
어떤 나라에 들어감

入 들 입 | 場 장소 장
어떤 장소로 들어가는 것

- **입장객**(入 場 客손님 객)
입장하려는 손님
- **입장권**(入 場 券문서 권)
입장을 허락하는 문서나 표

'입'의 뜻을 생각하면서 선을 따라가 볼까요.

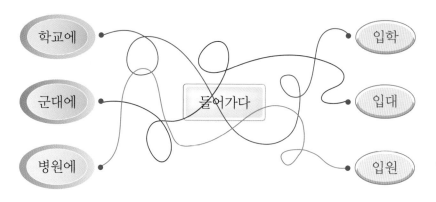

학교에   입학

군대에   들어가다   입대

병원에   입원

새로 들어온 사람들을 신입(新入)이라고 해요.
학교에 새로 들어온 학생은 □□생,
모임에 새로 들어온 사람은 □□ 회원이지요.
잠깐! 신입 회원이 되려면 먼저 모임에 가입을 해야겠죠.
가입은 모임에 들어간다는 말이에요. 어때요, 쉽죠?

그런데 공원이니 학교, 회사처럼
눈에 보이는 곳에만 들어갈 수 있는 건 아니에요.
어떤 대회에 나가 등수 안에 드는 것도 '들다'라고 하잖아요.

> 그럼 등수 안에 드는 것을 한마디로 뭐라고 할까요? (　　)
>
> ① 입학　　　　② 입대　　　　③ 입상　　　　④ 입구

맞아요. 상을 탈 수 있는 등수 안에
들었다고 해서 입상이에요.
글과 그림 같은 작품을 겨루는 대회
에서는 입선이라고 하고요.
가려 뽑은 잘된 작품들 안에 들었다
는 뜻이지요.

入	들입

- **입학**(入 學학교 학)
  학교에 들어감
- **입대**(入 隊군대 대)
  군대에 들어감
- **입원**(入 院병원 원)
  병이 나서 병원에 들어감
- **가입**(加들 가 入)
  모임에 들어감
- **입상**(入 賞상 상)
  상을 탈 수 있는 등수 안에 들어감
- **입선**(入 選가려뽑을 선)
  가려 뽑은 잘된 작품들 안에 들어감

新 새 신	入 들 입
새로 들어옴	

- **신입생**(新入 生사람 생)
  새로 들어온 학생
- **신입 회원**
  (新入 會모일 회 員사람 원)
  새로 들어온 회원

훌라후프 경연 대회

뭐야. 배에 걸려서 안 떨어진 거잖아.

아싸~ 1등이다.

1등

■ **흡입**(吸빨흡 入)
빨아들임
■ **구입**(購살구 入)
사들임
■ **수입**(輸나를 수 入)
물건을 들여옴
■ **도입**(導이끌 도 入)
기술 따위를 끌어들임
■ **영입**(迎맞을 영 入)
환영하여 맞아들임

싹싹! 잘 빨아들이네요!
이렇게 빨아들이는 일을 흡입이라고 해요. 이때 입(入)은
'(밖에 있는 것을 안으로) 들이다'라는 뜻으로 쓰이죠.

> 빨아들이는 건 '흡입', 그럼 사들이는 건 뭘까요? (   )
>
> ① 수입　　　② 구입　　　③ 입장　　　④ 입선

물건 따위를 사들이는 건 ②번, 구입이에요. 많이 들어 봤죠?
그럼 다른 나라에서 사들이는 건 뭘까요?
그건 수입이지요.

🔔 **수입의 반대말은?**
수출(輸나를 수 出낼 출)이에
요. 자기 나라에서 만든 물건을
배나 비행기로 다른 나라로 내
보내는 거지요.

참, 물건을 들여오는 것은 수입이지만,
새로운 기술이나 방법을 끌어들이는 건 도입이라고 말해요.
인터넷이 우리나라에 처음 '도입'된 건 1982년이에요.
그때는 컴퓨터는 물론 인터넷을 언제,
어디서나 쓸 수 없었어요. 상상이 되나요?
물건이나 기술뿐 아니라 사람도 들일 수 있어요.
꼭 필요한 사람이 들어오면 환영받겠죠?
환영하며 맞아들이는 것은 영입이지요.

자동판매기를 보면 돈을 넣는 곳에 투입구라고 씌어 있어요. 무슨 말일까요?

던질 투(投)와 입구(入口)를 합쳐서 돈을 던져 넣는 입구라는 뜻이에요.

여기서 입(入)은 '넣다'를 뜻해요.

입수는 손에 넣는다는 말이에요. 돈이나 물건을 손에 넣는 것도 '입수'라고 하지만, 소식이나 정보를 손에 넣는 것을 가리킬 때도 '입수'라는 말을 많이 써요.

入 넣을 입

■ **투입구**
(投던질투 入 口입구구)
던져 넣는 입구
■ **입수**(入 手손수)
손에 넣음
■ **입력**(入 力힘력)
컴퓨터에 자료를 집어넣음
■ **삽입**(挿끼울삽 入)
끼워 넣음

컴퓨터 자판에서 한글이나 숫자를 쳐서 넣거나, 인터넷 사이트에서 검색할 정보를 적어 넣는 것을 뭐라고 부를까요?

맞아요. 입력이에요.

입력은 컴퓨터가 돌아가는 데 힘이 될 수 있는 자료를 집어넣는 걸 말해요.

집어넣는 것 중에서도 끼워 넣는 것은 삽입이고요.

글에 그림을 '삽입'하거나, 노래에 랩을 '삽입'하기도 하지요.

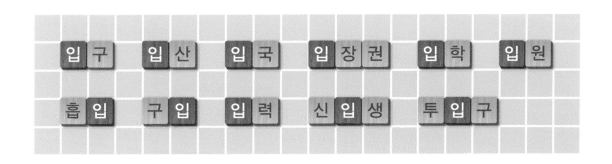

입구 입산 입국 입장권 입학 입원

흡입 구입 입력 신입생 투입구

입구

입산

입궁

입국

입장

입장객

입장권

입학

입대

입원

가입

입상

입선

1 공통으로 들어갈 한자를 따라 쓰세요.

| 상 |
| 수 | 장 권 |
| 구 |

入
들 입

신 회 원

| 구 |
| 영 |
| 삽 |

2 어떤 낱말에 대한 설명인지 쓰세요.

1) 들어가는 곳 ➡ ☐☐

2) 가려 뽑은 잘된 작품들 안에 들어감 ➡ ☐☐

3) 새로 들어온 학생 ➡ ☐☐☐

4) 기술 따위를 끌어들임 ➡ ☐☐

5) 던져 넣는 입구 ➡ ☐☐☐

3 알맞은 낱말을 찾아 문장을 완성하세요.

1) 인터넷 검색창에 찾고 싶은 정보를 ☐☐ 해 봐요.

2) 삼촌이 군대에 ☐☐ 해서 한참 동안 못 본대.

3) 이번에는 어떤 인터넷 카페에 ☐☐ 할까?

4) 할머니께서 병원에 ☐☐ 하신 지 일주일이나 됐어요.

5) 이번 훌라후프 경연대회에서 3등으로 ☐☐ 을 했지 뭐야.

4 문장에 어울리는 낱말을 골라 ○표 하세요.

1) 올림픽 선수들이 미국으로 (입국 / 출국)했습니다.

2) 홍삼은 우리나라의 대표 (수출 / 수입) 품목입니다.

3) 다리가 부러져서 병원에 (입원 / 퇴원)했어요.

5 다음 설명에 알맞은 낱말을 빈칸에 쓰세요.

나는 학교에 막 들어온 학생이에요.

나는 학교에서 제일 막내예요.

나는 초등학교에도 있고, 중학교에도 있고,

고등학교에도 있어요.

→ ☐☐☐

6 그림을 보고, 빈칸에 들어갈 알맞은 낱말을 쓰세요.

1)

청소기가 먼지를 ☐☐ 합니다.

2)

아이가 500원을 주고 풍선을 ☐☐ 합니다.

| 신입 |
| 신입생 |
| 신입 회원 |
| 흡입 |
| 구입 |
| 수입 |
| 도입 |
| 영입 |
| 수출 |
| 투입구 |
| 입수 |
| 입력 |
| 삽입 |

볕 드는 양지, 그늘진 음지

陽陰
볕 양　그늘 음

볕이 잘 드는 곳을 양달이라고 해요. 반대말은 응달이고요.
볕이 잘 들지 않는 그늘진 곳을 말하지요.
그럼 아래 그림에서 양달과 응달을 찾아볼까요?

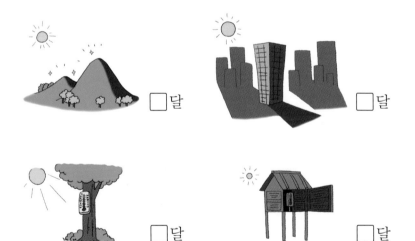

□달　　□달

□달　　□달

陽	地
볕 양	땅 지
볕이 잘 드는 땅, 양달	

陰	地
그늘 음	땅 지
그늘진 땅, 응달	

양달은 다른 말로 양지(陽地). 해가 드는 땅이라는 뜻이에요.
응달은 음지(陰地). 그늘진 땅이라는 뜻이지요.
그럼 그림자는 양지에서 생길까요, 음지에서 생길까요?
맞아요! 물체가 빛을 가려서 생기는 그림자는 양지에서 생기겠죠.

🔔 그림자
어떤 물체가 빛을 가려서 그 물체 뒤에 생기는 그늘이에요.

양은 '해'를 가리키기도 해요. 음은 '달'을 가리키고요.
사람은 해가 뜨면 일어나서 활동하고, 달이 뜨면 잠이 들잖아요.
그래서 해와 달은 날짜를 계산하는 기준이 됐어요.

陽 해 양	曆 달력 력
해를 기준으로 한 달력	

陰 달 음	曆 달력 력
달을 기준으로 한 달력	

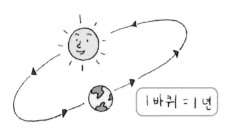

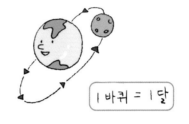

해를 한자어로 태양이라고 하죠?
그러니 해를 기준으로 한 달력은
양력(陽曆), 달을 기준으로
한 달력은 음력(陰曆)이에요.
해와 달이 다르듯이
양력과 음력도 달라요.
'양력'에서는 지구가 태양을 한 바퀴
도는 데 걸리는 시간을 일 년이라고 해요.
일 년을 12로 쪼갠 것이 한 달이지요.
'음력'의 한 달은 달이 지구를 한 바퀴 도는 데
걸리는 시간이에요.
그런데 음력의 한 달은
양력의 한 달보다 대략 하루가 적어요.
그래서 양력과 음력의 날짜가 달라지는 거예요.
가끔 헷갈리는 날이 생기는 것도 그 때문이지요.
예를 들어, 설날은 해마다 달라져요.
설날은 '새해 첫날'인데, 음력으로 쇠는 명절이에요.
그래서 우리가 쓰는 양력 달력으로 보면
해마다 설날의 날짜가 달라지는 거죠.

달력 아래 조그만 글씨로 적힌 것이 음력이야. 양력 12월 19일은 음력 11월 10일 이라는 뜻이지.

작년 설은 1월 21일. 올해 설은 2월 6일? 왜 다르지?

陽 **볕 양**

- 양산(陽 傘우산 산)
볕이 강할 때 쓰는 우산
- 차양(遮가릴 차 陽)
햇빛을 가리는 그늘막

비를 피할 때는 우산, 햇볕을 피할 때는 양산.
양(陽)이 볕이나 햇빛을 뜻하잖아요.
그럼 차양은 어디에 쓰는 걸까요?
차양은 햇빛을 가리는 막이에요. 그늘을
만든다고 해서 '그늘막'이라고도 하지요.
하지만, 시원하기로는 나무 그늘을 따를 것이 없어요.

陰 **그늘 음**

- 녹음(綠초록 녹 陰)
녹색 식물이 만든 그늘 또는
우거진 나무나 숲
- 음침(陰 沈가라앉을 침)
그늘지고 가라앉은 듯한
분위기

다음 중 나무 그늘을 가리키는 말은 뭘까요? (   )

① 그림자   ② 음력   ③ 복음   ④ 녹음

정답은 ④번, 녹음이에요. 녹색 식물이 만든 그늘을 가리키는
말이지요. 그런데 숲이 지나치게 우거져서 햇빛 한 줄기
들지 않을 정도면 으스스하지 않을까요?
이렇게 분위기가 어두컴컴하고 으스스한 것을 음침하다고
말해요. 성격이 어두운 사람도? 맞아요, '음침'하다고 하죠.

🔔 **이런 말도 있어요**

'쥐구멍에도 볕 들 날 있다'라는 속담 들어 봤나요?
쥐구멍 속은 볕이 안 드는 응달이거든요.
그러니 '볕이 들었으면!' 하고 늘 바라겠죠?
몹시 고생하다 보면 좋은 날도 온다는 뜻이에요.

어때요? 나무판에 꽃을 새긴 뒤 먹물을 발라 종이에 찍어 봤어요.

똑같은 그림인데 느낌이 다르
네요. 왜 그럴까요?
나무판에 꽃을 새기는 방법이
달랐기 때문이에요.
꽃 모양이 튀어나오게 새기면
양각이라고 불러요.

꽃 모양이 안으로 들어가게 새기면 음각이고요.
이렇게 양(陽)은 '톡 튀어나온 것'을 가리키지요.
건전지에서 톡 튀어나온 쪽은? ☐극.

맞아요. 톡 튀어나온 쪽은 양극이에요.
그럼 음극은 뭘까요?
음(陰)은 '쏙 들어간 것', 또는 '양의 반대쪽'
을 가리켜요.
옛날 사람들은 '남자'를 양(陽), '여자'를 음
(陰)에 비유했어요.
물론, 겉모습만

본 건 아니에요.
옛날에는 아무래도 남자들이 여자
들보다 활발하게 바깥일을 했으니
까 '튀어나와' 보였나 봐요.

陽 튀어나올 양

- **양각**(陽 刻새길 각)
튀어나오게 새김
- **양극**(陽 極끝 극)
튀어나온 끝

🔔 양각은 '돋을새김' 또는 '볼
록새김'이라고 해요. 그럼, 음
각은요? '오목새김'이지요.

陰 들어갈 음

- **음각**(陰 刻)
들어가게 새김
- **음극**(陰 極)
양의 반대쪽에 있는 극

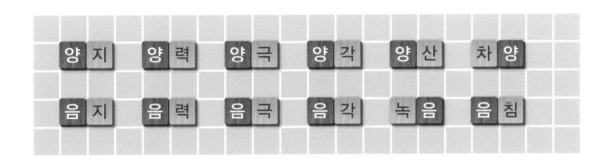

양지　양력　양극　양각　양산　차양

음지　음력　음극　음각　녹음　음침

양지

음지

양달

응달

그림자

양력

음력

① 공통으로 들어갈 한자를 따라 쓰세요.

지
력
극
陽陰
극
지
력

볕 양 그늘 음

② 어떤 낱말에 대한 설명인지 쓰세요.

1) 볕이 강할 때 쓰는 우산 ➡ ☐☐

2) 해를 기준으로 한 달력 ➡ ☐☐

3) 볕이 잘 드는 땅 ➡ ☐☐

4) 볕이 잘 들지 않는 그늘진 땅 ➡ ☐☐

5) 나무 그늘을 가리키는 말 ➡ ☐☐

③ 알맞은 낱말을 찾아 문장을 완성하세요.

1) 빨래는 해가 잘 드는 ☐☐ 에서 말려야지.

2) 운동회 날에는 넓게 ☐☐ 을 쳐서 그늘을 만들어요.

3) ☐☐ 이 우거진 삼림욕장으로 놀러가자.

4) 봄인데 그늘진 ☐☐ 에는 아직도 눈이 남아 있네.

5) 분위기가 어쩐지 으스스한 게 ☐☐ 한 집이야.

4 문장에 어울리는 낱말을 골라 ○표 하세요.

1) 달을 기준으로 하는 달력은 (양력 / 음력)이야.

2) 햇볕이 뜨거우니 (양산 / 우산)을 써야겠어.

3) 날이 더우니 (응달 / 양달)에 가서 땀을 식히자.

5 그림을 보고, 빈칸에 들어갈 알맞은 낱말을 쓰세요.

1)

→ ☐ 달, ☐ 지

2)

→ ☐ 달, ☐ 지

6 그림과 어울리는 낱말을 연결하세요.

1)   2)   3)

녹음   음각   차양

| 양산 |
| 차양 |
| 녹음 |
| 음침 |
| 양각 |
| 음각 |
| 양극 |
| 음극 |

아침에 일어나면 윗니 아랫니 닦자!

윗 아랫

윗니일까요, 웃니일까요? 맞아요. 정답은 윗니예요.

위에 있는 이라서 윗니,

아래에 있는 이라서 아랫니라고 불러요.

'윗·아랫'은 위아래가 짝을 이룬 것들 앞에 붙는 말이에요.

위에 있으면 윗, 아래에 있으면 아랫이 붙어요.

> 왜 '윗이'가 아니고 '윗니'일까? '윗이'라고 발음해 봐. 힘들지? 그래서 편하게 윗니라고 하는 거야.

윗- / 아랫-

위아래가 짝을 이루는 것
가운데 위인 / 아래인

- 윗니 / 아랫니
- 윗목 / 아랫목
- 윗집 / 아랫집
- 윗동네 / 아랫동네
- 윗사람 / 아랫사람

여기서 문제! 윗몸 일으키기는 어떻게 하는 걸까요? (　　　)

① '휙 휙'

② 버둥 버둥

③

④

맞아요, ④번이에요.

윗몸 일으키기는 허리 윗부분의 몸인 윗몸을

일으키는 운동이잖아요.

> 윗이니까 위에 있고, 아랫이니까 아래에 있는 거야. 참 쉽지?

🔔 입술은?

위에 있는 입술은 '윗입술', 아래에 있는 입술은 '아랫입술'이에요.

방에서 제일 따뜻한 곳을 아랫목이라고 해요.
옛날에는 아궁이에 불을 피워 방을 따뜻하게 했어요.
방의 아랫부분인 아랫목은 아궁이에 제일 가까운 곳이거든요.
그러니까 제일 따뜻하겠죠?

그럼 방에서 제일 차가운 곳은 뭐라고 부를까요? (   )

① 손목   ② 자라목   ③ 윗목   ④ 위목

■ 🔔 윗도리와 아랫도리
티셔츠처럼 위에 입는 옷은 '윗도리', 청바지처럼 아래에 입는 옷은 '아랫도리'예요.

맞아요! 아랫목의 반대니까 ③번, 윗목이 정답!
'위목'이 아니라는 점 기억하세요.
계속해서 빈칸을 채워 볼까요?
우리 집 바로 위쪽에 있는 집은 ☐집,
우리 집 바로 아래쪽에 있는 집은
☐☐집이에요.
위쪽에 있는 동네는 윗동네,
아래쪽에 있는 동네는 아랫동네지요.
참! 사람도 위아래를 따질 수 있어요.
나보다 위인 사람은 ☐사람,
나보다 아래인 사람은 ☐☐사람이지요.

'윗물이 맑아야
아랫물이 맑다'라는
속담은 윗사람이 모범을
보여야 한다는 말이죠

어, 이상하네요! 왜 '윗어른'이 아니고,
'웃어른'이라고 할까요?
웃어른은 나보다 위인 어른을
뜻하는 말이에요.
나보다 아래인 어른은 없겠죠?
위는 있지만 아래는 없을 때,
'윗' 말고 웃을 붙여요.

쯧쯧, 저렇게 입고
다니다니 **웃어른**
어려운 줄도 몰라.

> 몸에서 허리 위의 부분을 뭐라고 할까요? (   )
>
> ① 밥통   ② 웃통   ③ 깡통   ④ 윗통

정답은 ②번이지요. 몸통은 허리 위에만 있고,
아래에는 없잖아요.
그래서 웃통이 맞는 표현이에요.

비싸냐?

이거 **웃돈**까지
주고 산 거야.

여기
만
몸통

웃-
위의, 그 위에 더

■ 웃어른
■ 웃통
■ 웃돈
■ 웃옷
■ 웃짐

🔔 **웃거름**
나중에 더 주는 거름은 '웃거름'
이에요.

🔔 **웃자라다**
꽃이나 나무가 정상보다 더 길게
자란 것은 '웃자라다'라고 하죠.
웃자라면 줄기나 가지가 가늘고
약해지니까 좋지 않아요.

웃돈을 줬다니 무슨 말일까요?
원래 값보다 더 돈을 주었다는 소리예요.
이렇게 웃은 '그 위에 더'라는 뜻도 가지고 있어요.
그 뜻을 생각하면서 빈칸을 채워 볼까요?
겉옷 위에 더 입는 옷은 ☐옷이에요.
'웃도리'와 다르니까 주의하세요.
또 원래 짐 위에 더 올린 짐은 ☐짐이라고 해요.

신발에서 땅과 닿는 부분을 뭐라고 부를까요? (　　)

① 아랫창　　② 왕창　　③ 합창　　④ 밑창

너무 쉽죠? 정답은 ④번, 밑창이에요.

'밑창'처럼 땅이나 바닥에 가까운 아래쪽을 말할 때는
밑이라는 말이 붙어요.

'밑'의 뜻을 생각하면서 빈칸을 채워 볼까요?

나무에서 땅에 가까운 부분은 나무 ☐동이에요.

버섯에서 가장 아랫부분도 버섯 ☐동,

기둥에서 가장 아랫부분도 기둥 ☐동이라고 부르지요.

밑-
아래쪽의, 기초가 되는

■ 밑창
■ 밑동
■ 밑거름
■ 밑거름이 되다

🔔 나중에 더 주는 거름이 웃
거름이었죠? 웃거름의 반대말
이 '밑거름'이에요.

> 나무 **밑동**.
> 버섯 **밑동**!

밭에 씨를 뿌리기 전에 밑에 주는 거름은
밑거름이라고 해요.

'밑거름'은 앞으로 식물이 잘 자랄 수 있게 도와주지요.

그럼 밑거름이 된다는 무슨 밀일까요?

일이 잘될 수 있는 기초가 된다는 뜻이에요.

밑에는 이렇게 '기초가 되다'는 뜻도 숨어 있었군요.

🔔 **밑반찬**
멸치볶음, 콩자반처럼 오래 두
고 먹는 반찬은 밥상의 기초가
되는 반찬이라서 '밑반찬'이라
고 해요.

윗니　윗집　웃옷　웃돈　웃어른　웃거름

아랫니　아랫집　밑창　밑거름　밑동

윗니

아랫니

윗목

아랫목

윗집

아랫집

윗동네

아랫동네

윗사람

아랫사람

윗입술

아랫입술

윗도리

아랫도리

1 공통으로 들어갈 낱말을 쓰세요.

| 입 술 | | | | | | 목 |
| 동 네 | 집 | | 물 | | 사 람 |

2 어떤 낱말에 대한 설명인지 쓰세요.

1) 방에서 가장 따뜻한 곳 ➡ ☐☐☐

2) 꽃이나 나무가 정상보다 더 길게 자란 것 ➡ ☐☐☐☐

3) 나무에서 뿌리에 가장 가까운 아랫부분 ➡ ☐☐

4) 원래 값보다 더 얹어서 주는 돈 ➡ ☐☐

5) 티셔츠처럼 위에 입는 옷 ➡ ☐☐☐

3 알맞은 낱말을 찾아 문장을 완성하세요.

1) 일곱 살쯤이면 아랫니가 먼저 빠지고 나서 ☐☐가 빠진다.

2) 평소에 부지런히 연습한 것이 성공의 ☐☐☐이 되었대.

3) ☐☐☐께는 예의 바르게 인사를 해야 합니다.

4) ☐☐이 맑아야 ☐☐☐이 맑다.

5) 신발의 ☐☐이 닳아서 양말이 젖었어요.

4 문장에 어울리는 낱말을 골라 ○표 하세요.

1) 내가 너보다 나이가 많으니 (아랫사람 / 윗사람)이지.

2) 씨 뿌리기 전에 (밑거름 / 웃거름)을 줘야지.

3) (윗도리 / 아랫도리)가 맘에 안 들어. 청바지로 바꿔 입어야겠어.

5 그림을 보고, 빈칸에 공통으로 들어갈 낱말을 쓰세요.

나무 □□.

버섯 □□!

- 나무에서 땅에 가까운 부분
- 버섯에서 가장 아랫부분

→

6 그림과 어울리는 낱말을 연결하세요.

1)　　　　　2)　　　　　3)　　　　　4)

윗도리와　　윗집과　　　윗입술과　　윗니와
아랫도리　　아랫집　　　아랫입술　　아랫니

| 윗물 |
| 아랫물 |
| 웃어른 |
| 웃통 |
| 웃돈 |
| 웃옷 |
| 웃짐 |
| 웃거름 |
| 웃자라다 |
| 밑창 |
| 밑동 |
| 밑거름 |
| 밑거름이 되다 |
| 밑반찬 |

장기 자랑엔 가요가 최고!

낱말밭 어휘 관계

歌 노래 가 謠 노래 요

유의 한자

'노래'를 뜻하는 다른 말은 무엇일까요? 여기서 힌트! 노래를 부르는 사람은 가수예요. 그러니까 노래는 가요지요. 가요는 보통 우리가 즐겨 부르는 노래를 말해요. 노래 가(歌)와 노래 요(謠), 이렇게 같은 뜻을 지닌 두 글자가 합쳐진 말이지요.

노래해요 ~가(歌)

노래를 뜻하는 말에는 '가(歌)'가 들어가요. 전문적인 가수가 악기 연주에 따라 부르는 노래를 의미하지요. 학교를 대표하는 노래인 교가는 학교에서 중요한 행사가 있을 때 다함께 부르잖아요.
나라를 대표하는 노래는 국□예요.
우리나라 국가는 특별히 애국가라고 하고요.
군인들이 부르는 씩씩한 노래는 뭘까요? 군□겠지요.
사랑하는 사람을 그리워하며 부르는 노래는? 연□예요.
결혼이나 생일을 축하하며 부르는 노래는 축□이지요.
그때그때 유행하는 노래는 유행가예요.
멋진 드레스를 입고 나온 성악가가 부르는 노래는 가곡이에요.
일반적으로 말하는 가곡은 시에 가락을 붙인 서양 가곡이고요.

歌 노래 가 謠 노래 요
노래

■ **가수**(歌 手사람 수)
노래 부르는 사람
■ **교가**(校학교 교 歌)
학교를 대표하는 노래
■ **국가**(國나라 국 歌)
나라를 대표하는 노래
■ **애국가**(愛사랑 애 國歌)
우리나라의 국가
■ **군가**(軍군사 군 歌)
군인들이 부르는 노래
■ **연가**(戀그리워할 연 歌)
사랑하는 사람을 그리워하며
부르는 노래
■ **축가**(祝축하할 축 歌)
축하하며 부르는 노래
■ **유행가**(流흐를 유 行다닐 행 歌)
유행하는 노래

시조에 곡을 붙여 피리나 가야금 같은 전통 악기에 맞춰 부르는 우리나라 전통 노래도 가곡이라고 불러요.

여기서 잠깐! 우리나라 가곡은 시조 말고도 가사에 가락을 붙여 불렀어요. 이때의 가사(歌辭)는 시처럼 운율이 느껴지고, 수필처럼 긴 글로 우리나라 고전 문학의 한 형태예요. 노랫말을 뜻하는 가사(歌詞)랑 속뜻이 다르답니다.

함께 불러 ~요(謠)

'요(謠)'가 붙는 노래는 악기 연주도 없고, 전문적인 가수가 부른 노래가 아니에요.

아이들이 부르는 노래인 동요는 누구나 쉽게 언제 어디서나 부를 수 있잖아요.

누가 지었는지도 모르고, 예로부터 백성들 사이에서 불려오던 노래는 민요예요.

일하면서 부르는 노래는 노동요고요. 힘든 노동을 잊고 열심히 일하기 위해서 불렀어요. 주로 농사를 지을 때 동작을 잘 맞추어 일을 쉽고 빠르게 하기 위해 흥얼흥얼 불렀다지요.

일할 때만 불렀을까요?

아니에요. 놀면서도 불렀어요.

놀면서 부르는 노래는 유희요라고 해요.

역시 우리 민족은 흥이 있는 민족이네요.

■ 가곡(歌曲 노래 곡)
시에 가락을 붙인 노래

■ 가사(歌辭 말씀 사)
조선시대 시와 산문 중간 형태의 문학

■ 가사(歌詞 말 사)
노랫말

■ 동요(童 아이 동 謠)
아이들이 부르는 노래

■ 민요(民 백성 민 謠)
예로부터 백성들 사이에 불려오던 노래

■ 노동요
(勞 일할 노 動 움직일 동 謠)
일할 때 부르는 노래

■ 유희요
(遊 놀 유 戲 놀 희 謠)
놀면서 부르는 노래

공부하면서 부르는 노래는 공부요인가?

공부할 땐 공부만 하자!

가	요		축			군		가	사		동			유	
수			교	가		애	국	가	곡		민	요		희	
													노	동	요

열심히 공부한 친구들에게 필요한 건, 뭐? 바로 휴식이지요! 공부하는 것을 잠시 그만두고 느긋하게 쉬는 거 말이에요. 휴(休)는 쉰다는 뜻이에요. 식(息)의 원래 뜻은 '숨 쉬다', '살다'였지만, '쉰다'는 뜻도 있지요. 그러니까 휴식은 쉰다는 말이에요.

쉴 때도, 잠시 그만둘 때도 휴(休)

어린이도 어른도 손꼽아 기다리는 날은? 바로 '휴일'이지요. 휴일은 일이나 공부에서 벗어나 쉬는 날이에요. 휴일이 연이어 있을 때는 연휴라고 해요. 회사를 다니는 어른들은 휴일이 아닌 날 쉬고 싶으면 휴가를 신청해야 해요. 휴가는 일정한 기간 동안 틈을 내서 쉬는 것을 말해요.

프랑스 파리는 여름철에 모두 휴가를 떠나서 도시가 텅텅 빈다죠? 휴가철에는 도시보다는 편히 쉬면서 몸과 마음을 돌보며 휴양하기에 알맞은 휴양지로 여행을 떠나기 때문이에요.

어른들에게 휴가가 있다면, 학생들에게도 휴가가 있죠? 바로 즐거운 방학이에요. 방학을 한자어대로 풀이하면 '배움을 놓는다'라는 뜻이에요. 너무 덥거나 추운 계절에 수업을 쉬는 거죠.

休 쉴 휴	息 쉴 식
하던 일을 멈추고 쉼	

■ **휴일**(休日날 일)
쉬는 날

■ **연휴**(連이어질 연 休)
휴일이 이틀 이상 이어짐

■ **휴가**(休 暇틈 가)
일정한 기간 동안 쉬는 일

■ **휴양**(休 養기를 양)
편히 쉬면서 몸과 마음을 돌봄

■ **휴양지**(休 養기를 양 地땅 지)
휴양하기에 알맞은 곳

■ **방학**(放놓을 방 學배울 학)
일정 기간 동안 수업을 쉼

■ **휴학**(休 學배울 학)
일정 기간 동안 학교를 쉼

■ **휴교**(休 校학교 교)
학교가 잠시 쉼

방학이 학기를 마치고 정식으로 쉬는 기간이라면, 휴학은 개인 사정으로 학기 중에 공부를 그만두고 쉬는 것을 말해요.

눈이나 비가 너무 많이 내리면 휴교를 하기도 해요. 휴교는 학교가 잠시 쉬는 거지요.

어른이 직장을 잠시 쉬게 된다면? 맞아요. 휴직이에요.

전쟁이나 싸움이 잠시 멈추어 있을 때도 '휴' 자를 써요. 안타깝게도 우리 남한과 북한은 전쟁을 잠시 멈추고 있는 휴전 상태예요.

쉴 때도, 숨을 쉴 때도 식(息)

잠시 쉬는 휴식보다 더 편안하게 쉴 때는 안식이라고 해요. 편안하게 쉬는 곳을 그래서 안식처라고 하지요.

"철새 서식지를 보호해야 합니다."

이런 기사를 본 적이 있을 거예요.

여기서 '식'은 산다는 뜻이에요.

서식은 생물이 일정한 곳에 산다는 뜻이고, 서식지는 서식하는 곳을 말하죠.

'식'은 숨을 쉰다는 뜻으로도 쓰여요. 숨이 막히는 건 질□, 숨이 차서 헐떡거리며 숨을 쉬는 병은 천□이에요. 안타까운 사고 소식을 들으면 한숨을 쉬는데, 이것을 탄□한다고 해요.

이렇게 '휴'와 '식'에 관련된 낱말을 훑어보니 시간이 순식간에 흘렀네요!

화장실은 나의 **안식처**. 엄마의 잔소리도 없다네♪

팅팅 송송

- **휴직(休 職**직분 직**)**
  얼마 동안 직장 일을 쉼
- **휴전(休 戰**싸울 전**)**
  얼마 동안 전쟁을 멈춤
- **안식(安**편안할 안 **息)**
  편안히 쉼
- **안식처(安息 處**곳 처**)**
  편안히 쉬는 곳
- **서식(棲**깃들일 서 **息**살 식**)**
  생물이 일정한 곳에 사는 것
- **서식지(棲息 地**땅 지**)**
  서식하는 곳
- **질식(窒**막힐 질 **息**숨쉴 식**)**
  숨이 막힘
- **천식(喘**숨찰 천 **息)**
  숨이 차서 헐떡거리며 숨을 쉬는 병
- **탄식(歎**탄식할 탄 **息)**
  한탄하여 한숨을 쉼
- **순식간**
  (瞬눈깜짝 할 순 **息 間**사이 간**)**
  눈 깜짝하고 숨 한 번 쉬는 아주 짧은 동안

휴식 연휴 휴교 서 천 탄
일 가 학 안식 질식 순식간

1 공통으로 들어갈 낱말을 쓰세요.

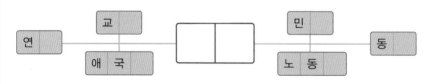

2 주어진 낱말을 넣어 문장을 완성하세요.

1)
국
교	가

나라를 대표하는 노래는 ☐☐,

학교를 대표하는 노래는 ☐☐이다.

2)
군
연	가

군인들이 부르는 노래는 ☐☐, 사랑하는 사람을

그리워하며 부르는 노래는 ☐☐이다.

3)
축
가	수

축하하며 부르는 노래는 ☐☐,

노래하는 사람은 ☐☐이다.

4)
가	사
곡

노랫말은 ☐☐,

시에 가락을 붙인 노래는 ☐☐이다.

5)
민
동	요

예로부터 백성들 사이에 불려오던 노래는 ☐☐,

아이들이 부르는 노래는 ☐☐이다.

3 문장에 어울리는 낱말을 골라 ○표 하세요.

1) 아리랑은 우리나라의 대표적인 (가요 / 민요)지요.

2) 무궁화는 우리나라 국화이고, 애국가는 우리나라 (국가 / 민요)예요.

3) 선생님 결혼식에서 부를 (축가 / 가요)를 연습하자.

4) 요즘 음악 방송에서 많이 나오는 (유행가 / 애국가)는 뭐니?

5) 조상들이 농사를 지을 때 불렀던 보리타작 노래는 (노동요 / 유희요)야.

가요
가수
교가
국가
애국가
군가
연가
축가
유행가
가곡
가사(歌辭)
가사(歌詞)
동요
민요
노동요
유희요

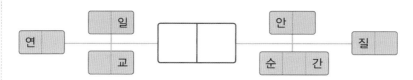

❶ 공통으로 들어갈 낱말을 쓰세요.

```
      일              안
연 ┬─────┐  ┌───┐  ┌─────┬ 질
  └─ 교        └ 순  간
```

❷ 주어진 낱말을 넣어 문장을 완성하세요.

1) 휴 식 / 일
   □□ 에는 집에서 충분히 □□ 을 취해야 해.

2) 연 / 휴 가
   휴일이 3일이나 되는 이번 □□ 에
   캠핑을 가려고 하루 더 □□ 를 냈어.

3) 휴 전 / 교
   학교가 잠시 쉬는 것은 □□ ,
   전쟁을 얼마 동안 멈추는 것은 □□ 이야.

4) 서 / 안 식 처 / 지
   여름 철새들의 □□□ 는 환경이 좋아서
   사람들의 □□□ 로도 이용되고 있어.

5) 탄 / 질 식
   숨이 막히는 것은 □□ ,
   한탄하여 한숨을 쉬는 것은 □□ 이다.

❸ 문장에 어울리는 낱말을 골라 ○표 하세요.

1) 금요일에 휴일이 있으면 3일을 쉬는 (연휴 / 휴가)가 되네!

2) 독감이 유행해서 당분간 (휴교 / 휴학)을(를) 한대.

3) 엄마는 막냇동생을 낳기 위해 육아 (휴직 / 휴양)을 신청하셨어.

4) 진도에서 멸종위기 식물인 '끈끈이귀개' (서식지 / 안식처)를 발견했대.

5) 명수가 방귀를 얼마나 세게 뀌었는지 (천식 / 질식)하는 줄 알았네.

휴식
휴일
연휴
휴가
휴양
휴양지
방학
휴학
휴교
휴직
휴전
안식
안식처
서식
서식지
질식
천식
탄식
순식간

승패를 가르는 승부차기

勝 敗
이길 승 | 패할 패

반의 한자

결국 승부차기까지 왔군. 내 손에 경기의 승패가 달려 있어. 정신 차리자.

승패는 이긴다는 뜻의 승리와 진다는 뜻의 패배가 합쳐진 말이에요. 남녀처럼 반대말끼리 이루어진 낱말이지요. 승패와 비슷한 말로 이기고 진다는 뜻의 승부라는 말도 있어요. 축구에서 '승부차기'는 승부가 나지 않았을 때 승패를 가르기 위해서 하는 거잖아요. 이렇게 승(勝)과 패(敗)가 들어간 반대말이 우리 주변에는 참 많아요.

승패가 만드는 반대말

이기고 지는 승과 패가 들어간 반대말들을 살펴볼까요?

> 이긴 사람은 승자 ↔ 진 사람은 패자
> 크게 이기면 대승 ↔ 크게 지면 대패
> 계속해서 이기면 연승 ↔ 계속해서 지면 연패

어떻게 이기고 지느냐에 따라 표현하는 낱말도 다양해요. 완전하게 이기면 완승이에요. 우리 국가대표 축구팀이 7:1로 상대를 압도적으로 이겼다면, 압승했다고도 해요.

勝	敗
이길 승	패할 패
승리와 패배	

- **승리**(勝 利이로울 리)
  이김
- **패배**(敗 北달아날 배)
  짐
- **승부**(勝 負질 부)
  이김과 짐
- **승자**(勝 者사람 자)
- **패자**(敗者)
- **대승**(大클 대 勝)
- **대패**(大敗)
- **연승**(連이어질 연 勝)
- **연패**(連敗)
- **완승**(完완전할 완 勝)
  완전하게 이김
- **압승**(壓누를 압 勝)
  압도적으로 이김

반대로 우리가 7:1로 졌다면? 이럴 땐 참패라고 해요. 완전히 패했다고 완패를 당했다고도 말해요. 아깝게 패한 경우는 석패라고 하지요.

치러야 할 경기에서 모두 이겼다면 전승이에요. 월드컵 본선에서 전승한 나라는 많지 않다고 하네요.

우리나라가 처음 월드컵에 출전했을 때는 모든 경기에서 지는 전패를 했지만, 끊임없는 노력 덕에 이제는 축구 강국이 되었어요.

성공과 실패의 낱말

승과 패에는 각각 성공과 실패의 의미도 있어요.

성공은 뜻한 바를 이루는 거예요. 비슷한 말인 성취도 있지요. "반에서 1등 하는 소원이 성취되었다."와 같이 성취는 목적한 바를 이루는 거예요.

일이 잘못되어 뜻한 바를 이루지 못하는 것은 실패지요. 그런데 실패의 반대말은 '패'를 '승'으로 바꾼 '실승'이 아니고, 성공이에요.

실패자는 실패한 사람, 실패작은 실패한 작품, 반대로 성공한 작품은 성공작이지요.

우리는 성공하기 위해 반드시 이기려는 필승을 다짐하지만, 말만 앞선다면 오히려 반드시 지는 필패를 할 수 있어요.

작은 성공들을 하나씩 만들어 보는 건 어떨까요?

- **참패**(慘참혹할 참 敗)
  참혹할 만큼 크게 짐
- **완패**(完敗)
  완전하게 짐
- **석패**(惜아낄 석 敗)
  아깝게 짐
- **전승**(全온전할 전 勝)
  한 번도 지지 않고 모두 이김
- **전패**(全敗)
  한 번도 이기지 못하고 모두 짐
- **성공**(成이룰 성 功공 공)
  뜻하는 바를 이룸
- **성공작**(成功 作만들 작)
  성공한 작품
- **성취**(成 就이룰 취)
  목적한 바를 이룸
- **실패**(失잃을 실 敗)
  뜻하는 바를 이루지 못함
- **실패자**(失敗者)
  실패한 사람
- **실패작**(失敗作)
  실패한 작품
- **필승**(必반드시 필 勝)
  반드시 이김
- **필패**(必敗)
  반드시 짐

들어가는 입구, 나가는 출구

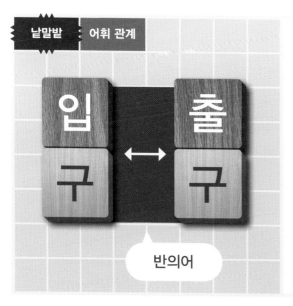

반의어

도대체 출구가 어디지?

입구 →

← 출구

미로에서 헤매고 있군요. 미로는 여러 길이 어지럽게 이어져 있어서 한번 들어가면 빠져나오기 어려운 길이에요. 그래서 입구를 찾아 들어가기는 쉽지만, 밖으로 나오는 출구를 찾기는 힘들지요. 이처럼 입(入)과 출(出)이 들어가 뜻이 서로 반대되는 낱말을 알아봐요.

입출이 만드는 반대말

컴퓨터를 할 때 자판에 문자로 자료를 쳐서 넣는 것은 입력하는 거예요. 그 결과를 보여주는 것을 출력이라고 해요. 출력은 모니터로도 나오고, 프린터로도 나와요.

나가고 들어오는 것과 관련이 있는 낱말을 더 살펴봐요.

> 돈이 통장으로 들어오는 입금 ↔ 돈을 통장에서 꺼내는 출금
> 나라 안으로 들어가는 입국 ↔ 나라 밖으로 나가는 출국
> 배가 항구에 들어오는 입항 ↔ 배가 항구를 떠나는 출항

이 밖에도 다른 나라에서 물건이나 기술을 사오는 것을 수입,

入	口
들 **입**	**입구**

들어가는 곳

출구(出날출 口)
나가는 곳

입력(入 力힘력)
컴퓨터에 글이나 숫자로 자료를 쳐서 넣음

출력(出 力)
컴퓨터가 밖으로 결과를 보여 줌

입금(入 金쇠금)

출금(出 金)

입국(入 國나라 국)

출국(出 國)

입항(入 港항구 항)

출항(出 港)

수입(輸보낼 수 入)
다른 나라의 물건이나 기술을 사들이는 일

다른 나라에 파는 것은 수출이죠. 이러한 기술이나 방법 등을
끌어들이는 것은 도입, 이끌어 내는 것은 도출이라고 해요.

입과 출이 혼자 쓰이는 말

먼저 '출(出)' 자만 쓰인 낱말을
알아볼게요.

일하러 다른 곳에 가는 ☐장,

어떤 목적을 위해 떠나는 ☐동,

전쟁터나 시합에 나가는 ☐전,

책을 세상에 내놓는 ☐판이 있
어요.

전 대원은
출동하라!

"그 글의 출처를 밝혀 주세요."라는 말은 글을 어디에서 가져온
것인지를 묻는 거예요. 이렇게 사물이나 말이 생기거나 근거가
나온 곳을 출처라고 해요.

"이번 시장 선거에 출마했어."에서 출마는 선거에 후보로 나간
다는 뜻이지요.

전체에서 어떤 하나를 뽑아내는 것은 추출, 겉으로 드러나는 것
은 노출, 나타나서 보이는 것은 출현이에요.

텔레비전을 보고 있는데, 친구가 출현하면 깜짝 놀라겠죠?

이번에는 '입(入)' 자만 쓰인 낱말들이에요.

눈치 없이 자기와 관계 없는 일에 끼어드는 것은 개☐,

다른 것을 끼워 넣는 것은 삽☐이에요.

수출(輸出)
물건이나 기술을 외국에 파는 일

도입(導인도할 도 入)
기술이나 방법 등을 끌어 들임

도출(導出)
기술이나 방법 등을 이끌어 냄

출장(出 張베풀 장)
일하러 다른 곳에 감

출동(出 動움직일 동)
어떤 목적을 위해 떠남

출전(出 戰싸움 전)
전쟁터나 시합에 나감

출판(出 版널 판)
책을 세상에 내놓음

출처(出 處곳 처)
사물이나 말이 생긴 곳

출마(出 馬말 마)
선거에 후보로 나감

추출(抽뽑을 추 出)
전체에서 하나를 뽑아내는 것

노출(露이슬 노 出)
겉으로 드러나는 것

출현(出 現나타날 현)
나타나서 보이는 것

개입(介낄 개 入)
자기와 관계 없는 일에 끼어듦

삽입(揷꽂을 삽 入)
다른 것을 끼워 넣음

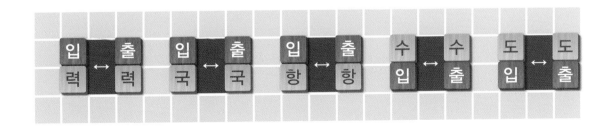

입력 ↔ 출력
입국 ↔ 출국
입항 ↔ 출항
수입 ↔ 수출
도입 ↔ 도출

① 공통으로 들어갈 낱말을 쓰세요.

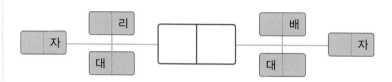

② 주어진 낱말을 넣어 문장을 완성하세요.

1)
승	부
패	

승리와 패배를 이르는 말은 ☐☐, 이김과 짐을 의미하는 말은 ☐☐야.

2)
	완
연	승

완전하게 이기는 것은 ☐☐, 계속해서 이기는 것은 ☐☐이야.

3)
패	배
자	

진다는 뜻을 가진 낱말은 ☐☐, 진 사람을 뜻하는 말은 ☐☐야.

③ 문장에 어울리는 낱말을 골라 ○표 하세요.

1) (승리 / 실패)는 성공의 어머니다.

2) 후반전에 골을 허용해서 1 : 0으로 아깝게 (석패 / 참패)했어.

3) 운동 경기에서는 선수들의 정신력이 (승패 / 필승)을(를) 좌우한다.

4) 우리 팀은 (전승 / 전패)하면서 파죽지세로 결승전에 올라갔어!

5) 프로 복싱 경기에서 (승사 / 패자)는 챔피언 벨트를 받아.

④ 짝 지은 낱말의 관계가 [보기]와 다른 것을 고르세요. ( )

보기	승 - 패

① 승자 – 패자   ② 연승 – 연패   ③ 승패 – 승부

④ 대승 – 대패   ⑤ 승리 – 패배

승패
승리
패배
승부
승자
패자
대승
대패
연승
연패
완승
압승
참패
완패
석패
전승
전패
성공
성공작
성취
실패
실패자
실패작
필승
필패

 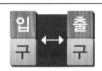

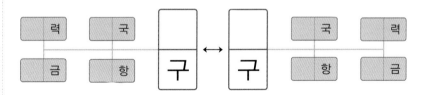

낱말밭 블록 맞추기

1 공통으로 들어갈 낱말을 쓰세요.

| 력 | 국 | | | 국 | 력 |
| 금 | 항 | **구** ↔ **구** | 항 | 금 |

| 입구 |
| 출구 |
| 입력 |
| 출력 |
| 입금 |
| 출금 |
| 입국 |
| 출국 |
| 입항 |
| 출항 |
| 수입 |
| 수출 |
| 도입 |
| 도출 |
| 출장 |
| 출동 |
| 출전 |
| 출판 |
| 출처 |
| 출마 |
| 추출 |
| 노출 |
| 출현 |
| 개입 |
| 삽입 |

2 주어진 낱말을 넣어 문장을 완성하세요.

1) 도 출 / 입

기술이나 방법 등을 이끌어 내는 것은 ☐☐이고, 기술이나 방법 등을 끌어들이는 것은 ☐☐이다.

2) 출 판 / 처

이번에 새로 ☐☐된 책은 인용한 부분의 ☐☐를 확실히 밝히고 있어.

3) 입 항 / 국

드디어 배가 ☐☐하는군! 곧 ☐☐할 수 있겠어.

3 문장에 어울리는 낱말을 골라 ○표 하세요.

1) 컴퓨터에 이 자료를 (입력 / 출력)한 후에 (입력 / 출력)하도록 해.
2) 우리의 기술로 만들어진 제품이 전 세계로 (수출 / 수입)된다.
3) 전쟁터나 시합에 나가는 것은 (출장 / 출전)이야.

4 짝 지은 낱말의 관계가 [보기]와 다른 것을 고르세요. (   )

| 보기 | 입구 – 출구 |

① 입항 – 출항   ② 출전 – 출처   ③ 입금 – 출금
④ 입국 – 출국   ⑤ 수입 – 수출

낱말탑 이휘 관계

같은 뜻이 한 번 더!
외가, 외갓집

외가 = 외갓집

뜻의 반복

외가에 어서 가자!

외갓집 가서 물놀이해야지!

방학이 되면 무얼 하나요? 시골에 있는 외갓집에 놀러가는 친구도 있을 거예요. 외갓집은 어머니의 친정을 뜻해요. 그런데 외가라는 낱말에 이미 집이란 뜻이 포함되어 있는데도 우리는 흔히 외가에 '집'을 붙여 외갓집이라고 부르지요. 이렇게 낱말의 앞이나 뒤에 뜻이 같은 말이 붙어서 강조되는 말들이 있어요.

같은 뜻이 반복된 낱말 1

'무궁화꽃이 피었습니다' 놀이를 해 본 적이 있나요? 무궁화는

무궁화나무의 꽃이라는 뜻이지요. 무궁화꽃은 무궁화에 '꽃'이 붙어 뜻이 반복되었어요.
이렇게 뜻이 같은 글자가 붙는 낱말을 빈칸을 채우며 살펴봐요.

무궁화꽃이 피었습니다. 게임이나 하자.

무궁화는 우리나라 꽃이야!

온(전부) + 종일(아침부터 저녁까지의 사이) → 온을 붙여서 강조
해변(바다의 가장자리) + 가(가장자리) → ☐를 붙여서 강조

外 밖 외 家 집 가

어머니의 친정

- 외갓집 = 외가
- 무궁화(無없을 무 窮다할 궁 花꽃 화) = 무궁화꽃
  무궁화나무의 꽃
- 종일(終끝날 종 日 해일)
  = 온종일
  아침부터 저녁까지의 사이
- 해변(海바다 해 邊가장자리 변)
  = 해변가
  바다의 가장자리
- 사장(沙모래 사 場마당 장)
  = 모래사장
  강가나 바닷가에 있는 모래벌판
- 고목(古옛고 木나무 목)
  = 고목나무
  오래된 나무

54

모래 + 사장(모래 벌판) → ☐☐를 붙여서 뜻 강조

고목(오래된 나무) + 나무 → ☐☐를 붙여서 뜻 강조

답은 순서대로 가, 모래, 나무예요.

이번에는 그릇들을 살펴볼까요? 그릇은 한자로 기(器)예요.

사기는 모래나 흙으로 만든 그릇, 유기는 놋쇠로 만든 그릇이에요.

여기에 '그릇'을 붙여 사기그릇, 유기그릇으로 부르기도 하지요.

'줄'이라는 낱말도 겹쳐서 써요. 죄인을 묶는 줄을 의미하는 포
승은 포승☐로, 전기가 흐르는 선을 의미하는 전선은 전선☐
로 흔히 부른답니다.

쫄깃하고 맛있는 돼지족발도 뜻이 반복된 말이에요. 발 족(足)
에 또 '발'을 붙여서 족발이라는 말로 부르지요.

같은 뜻이 반복된 낱말 2

어머니가 다시 결혼하면서 생긴 아버지를 의붓아버지라고 해
요. 의붓아버지는 한자어 의부(義父)에 '아버지'가 합쳐진 낱말
이에요.

여기서 잠깐! '외가 + 집, 의부 + 아버지'는 낱말과 낱말이 만나면
서 발음하기 편하게 하기 위해 사이시옷(ㅅ)이 들어갔어요.

그 외에도 틀을 다른 말로 형틀이라고도 불러요. 틀이란 말에
모양이라는 뜻의 '형(形)'을 덧붙인 말이지요.

몸에 '몸 체(體)'를 붙여 몸체, 속이라는 말에 '안 내(內)'를 붙인
속내도 같은 말이에요.

- **사기(**沙**기릇 기)
= 사기그릇**
모래나 흙으로 만든 그릇

- **유기(**鍮놋쇠 유 **器)
= 유기그릇**
놋쇠로 만든 그릇

- **포승(**捕사로잡을 포 **繩줄 승)
= 포승줄**
죄인을 묶는 끈이나 줄

- **전선(**電번개 전 **線줄 선)
= 전선줄**
전기가 흐르는 선

- **족(**足발 족**) = 족발**
돼지의 발로 만든 음식

- **의부(**義옳을 의 **父아비 부)
= 의붓아버지**
어머니가 다시 결혼하여 생긴
아버지

- **틀 = 형(**形모양 형**)틀**
만들려는 물건의 모양대로 짠
틀

- **몸 = 몸체(**體몸 체**)**
물체의 몸이 되는 부분

- **속 = 속내(**內안 내**)**
속마음이나 일의 속 내용

"딴따따단~ 딴따따단~ 신랑, 신부 동시 입장." 초등학교 동창
인 성호와 지연이는 나이가 들고 총각, 처녀가 되어 결혼까지
하게 되었어요. 이렇게 총각과 처녀, 신랑과 신부처럼 짝이 되
면서 뜻이 서로 반대인 낱말들을 더 찾아볼까요?

학교 속에서 찾아보는 반대말
학교에 들어가는 것은 입학, 공부를 다 마치면 졸업을 하죠.
또 학교에 들어가면 우리는 공부를 배우는 학생이 되고, 우리를
가르치시는 선생님을 만나요. 다른 말로 학생은 제자, 선생님은
스승이라고 해요.
뜻이 반대인 낱말의 짝을 더 볼까요?

> 급제생(시험에 합격한 사람) ↔ 낙제생(시험에 떨어지거나 진
> 급을 하지 못한 사람)
> 집중(한 가지 일에 모든 일을 쏟아붓는 상태) ↔ 산만(어수선하
> 여 질서나 통일성이 없는 상태)

新	郎
새로울 신	사내 랑

갓 결혼하였거나 결혼하는 남자

- **신부**(新 婦아내 부)
  갓 결혼하였거나 결혼하는 여자
- **총각**(總다 총 角뿔 각)
  결혼하지 않은 성년 남자
- **처녀**(處곳 처 女여자 녀)
  결혼하지 않은 성년 여자
- **입학**(入들 입 學배울 학)
  공부하기 위해 학교에 들어감
- **졸업**(卒마칠 졸 業일 업)
  학생이 교육 과정을 마침
- **학생**(學배울 학 生날 생)
  학교에 다니면서 공부하는 사람
- **선생**(先먼저 선 生)
  학생을 가르치는 사람
- **제자**(弟아우 제 子아들 자)
  스승의 가르침을 받은 사람

선생님은 수업에 집중하지 않는 산만한 학생보다 집중하는 학생을 좋아한답니다.

생활 속에서 찾아보는 반대말

두 시간이 넘는 미술 숙제를 하려니 끝이 보이지 않아요. 이때 엄마는 "시작이 있으면 끝도 있는 법이다!"라고 말씀하시며 힘을 주셨지요. 시작은 어떤 일의 처음, 끝은 어떤 일의 마지막이죠. 시작을 하면 끝이 있다는 생각을 왜 못했을까요?
머리부터 발끝까지 숙제에만 집중하면 빨리 끝낼 수 있겠죠?
이처럼 우리 주변에는 뜻이 반대인 낱말을 사용해 표현을 할 때가 많아요.

> 지붕(집의 맨 꼭대기 부분을 씌우는 덮개) ↔ 바닥(물체의 밑 부분, 또는 지역이나 장소)
> 꼭대기(사물이나 건물의 맨 위 부분) ↔ 밑바닥(어떤 것의 바닥 또는 아래가 되는 부분)

같은 방바닥이라도 뜨겁거나 차가울 때가 있지요.
해가 뜰 때부터 질 때까지를 낮이라 해요. 반면에 해가 져서 어두워진 때부터 다음 날 해가 떠서 밝아지기 전까지의 동안을 밤이라고 하지요.

스승 가르쳐 이끄는 사람
급제생(及미칠급 第차례제 生)
낙제생(落떨어질낙 第 生)
집중(集모일집 中가운데중)
산만(散흩을산 漫흩어질만)
시작(始처음시 作만들작) 어떤 일이나 행동의 처음 단계
끝 어떤 일의 맨 마지막 부분
머리 사람이나 동물의 목 위 부분
발끝 발의 앞 끝
지붕
바닥
꼭대기
밑바닥
뜨겁다 촉감의 온도가 높다
차갑다 촉감이 서늘하다
낮 해가뜰 때부터 질 때까지의동안
밤 해가 져서 어두워진 때부터 다음 날 해가 떠서 밝아지기 전까지의동안

낱말밭 블록 맞추기

❶ 공통으로 들어갈 낱말을 쓰세요.

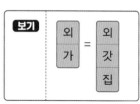

보기 외가 = 외갓집

1) 무궁화 = ☐

2) 유기 = ☐

❷ 주어진 낱말을 넣어 문장을 완성하세요.

1) 사기 = 사기그릇

고령토, 장석 등의 가루를 빚어서 만든 그릇을 사기 ☐☐ 이라 하는데, 줄여서 ☐☐ 라고만 해도 같은 뜻이에요.

2) 종일 = 온종일

아침부터 저녁까시의 사이를 ☐☐ 이라 하고, ☐ 을 덧붙여 뜻을 강조하기도 해요.

❸ 문장에 어울리는 낱말을 골라 ○표 하세요.

1) 오늘은 온(종일 / 하루) 비가 내렸어.

2) 창 밖을 보니 (전선 / 전기) 위에 참새가 나란히 앉아 있었어.

3) 명절에는 가족과 외할머니를 뵈러 기차를 타고 (외갓집 / 친갓집)에 가.

4) 이것은 장인이 직접 빚은 희고 아름다운 (사기 / 유기)그릇이야.

❹ 짝 지은 낱말의 관계가 [보기]와 <u>다른</u> 것을 고르세요. (   )

보기   종일 – 온종일

① 전선 – 전선줄   ② 해변 – 해변가   ③ 포졸 – 포승줄

④ 족 – 족발   ⑤ 고목 – 고목나무

외가
외갓집
무궁화
무궁화꽃
종일
온종일
해변
해변가
사장
모래사장
고목
고목나무
사기
사기그릇
유기
유기그릇
포승
포승줄
전선
전선줄
족
족발
의부
의붓아버지
틀
형틀
몸
몸체
속
속내

1 공통으로 들어갈 낱말을 쓰세요.

1)

처
녀 ↔ ☐

2)

급
제 ↔ ☐
생

| 신랑 |
| 신부 |
| 총각 |
| 처녀 |
| 입학 |
| 졸업 |
| 학생 |
| 선생 |
| 제자 |
| 스승 |
| 급제생 |
| 낙제생 |
| 집중 |
| 산만 |
| 시작 |
| 끝 |
| 머리 |
| 발끝 |
| 지붕 |
| 바닥 |
| 꼭대기 |
| 밑바닥 |
| 뜨겁다 |
| 차갑다 |
| 낮 |
| 밤 |

2 주어진 낱말을 넣어 문장을 완성하세요.

1)
스
승 ↔ 제
자

학교에서 학생을 가르쳐 이끄는 분은 ☐☐이고,
가르침을 받는 사람은 ☐☐이다.

2)
입
학 ↔ 졸
업

명수와 나는 같은 초등학교를 ☐☐하고,
같은 중학교에 ☐☐한다.

3)
시
작 ↔ 끝

기말 고사가 ☐나면 방학이 ☐☐된다.

3 문장에 어울리는 낱말을 골라 ○표 하세요.

1) 오랜 가뭄으로 말라 버린 강의 (꼭대기 / 밑바닥)(이)가 드러나고 있어.

2) 우리나라 한옥의 (바닥 / 지붕)에는 기와를 얹어.

3) 왜 이렇게 공부에 (집중 / 산만)을 못하고 두리번거려.

4) (뜨거운 / 차가운) 물을 빨리 식히려면 냉장고에 넣으면 돼.

4 짝 지은 낱말의 관계가 [보기]와 <u>다른</u> 것은? (   )

| 보기 | 신랑 – 신부 |

① 입학 – 졸업   ② 급제 – 낙제   ③ 시작 – 끝
④ 주인 – 부인   ⑤ 뜨거운 – 차가운

계란이나 달걀이나 모두 닭이 낳은 알이야

울지 마. 내가 **계란** 부침 해 줄게.

계란 말고 **달걀**!

계란 = 달걀

유의어

동생 몫의 달걀 부침을 형이 모두 먹어 버려서 동생이 펑펑 울고 있어요. 당황한 형이 계란 부침을 해 준다고 달래지만, 동생은 알아듣지 못하네요. 동생은 아직 어려서 달걀과 계란이 같은 말이란 걸 모르나 봐요. 달걀과 계란 모두 닭이 낳은 알이에요. 달걀은 우리말, 계란(鷄卵)은 한자어지요.

소리는 다르지만 뜻이 비슷한 낱말

달걀과 계란처럼 우리말 중에는 같은 뜻의 한자로 옮겨서 음만 달라진 말들이 있어요. 소리는 다르지만 뜻은 같거나 비슷해요. 임금이라는 우리말 대신 같은 뜻을 가진 한자어 왕(王)을 쓰는 것도 마찬가지예요.

우리말 옷 대신 의복(依服)이나 의상(衣裳)이라는 낱말을 써도 돼요. 이복과 의상 모두 옷이라는 뜻의 한자어거든요.

그럼 우리말 대신 쓸 수 있는 비슷한 한자어를 더 알아볼까요?

> 내(內) ≒ 속(물체의 안쪽 부분)
> 대부분(大部分) ≒ 거의(절반이 넘어 전체에 가까운 정도)

鷄 닭 계 **卵** 알 란

닭의 알

■ **달걀**
닭의 알

■ **왕**(王임금 왕) = **임금**
한 국가의 우두머리

■ **의복**(衣옷 의 服옷 복) = **옷**
몸을 가리거나 보호하기 위해
입는 것

■ **의상**(衣옷 의 裳치마 상)
= **옷**

■ **내**(內안 내) = **속**
물체의 안쪽 부분

■ **대부분**(大큰 대 部거느릴 부 分
나눌 분) = **거의**
절반이 넘어 전체에 가까운 정도

■ **금방**(今이제 금 方모 방) = **곧**
머지 않아

금방(今方) ≒ 곧(머지않아)

시작(始作) ≒ 처음(시간이나 순서의 맨 앞)

심성(心性) ≒ 마음(사람이 본래부터 지닌 성격)

언어(言語) ≒ 말(사람의 생각이나 느낌을 전달하는 도구)

비슷한 뜻이지만 다르게 쓰는 낱말

시간이나 순서의 끝이나 마지막이라는 의미로 결말이라는 낱말을 대신 사용할 수 있어요. 이야기나 영화의 끝을 이야기할 때 많이 쓰이죠.

하지만 긴 물건에서 마지막 부분이라는 의미로 쓰일 때에는 말단이라는 말로 써야 해요.

신데렐라, 백설 공주 같은 동화는 공주와 왕자가 결혼해서 행복하게 사는 것으로 끝이 나지요? 이 말을 '결말이 났다'로 바꾸어 써도 어색하지 않아요. 하지만, '말단이 났다'고 하면 말이 되지 않지요?

반대로 야구 방망이의 '끝은 둥글다'는 말을 야구 방망이의 '말단은 둥글다'라고 할 수 있어요. 하지만, 야구 방망이의 '결말이 둥글다'라고 쓸 수는 없다는 것을 기억하세요.

이렇게 뜻은 비슷한데 잘 가려 써야 되는 말도 있답니다.

시작(始처음 시 作만들 작)
= 처음
일이나 행동, 시간이나 순서의 맨 앞

심성(心마음 심 性성품 성)
= 마음
사람이 본래부터 지닌 성격

언어(言말씀 언 語말씀 어)
= 말
사람의 생각이나 느낌을 전달하는 도구

결말(結맺을 결 末끝 말)
= 끝
마무리되는 끝

말단(末 端끝 단)
= 끝
맨 끄트머리

왕 ≒ 임금 의 ≒ 옷복 내 ≒ 속 언어 ≒ 말 결말 ≒ 끝

귀(貴)하지만 귀(貴)찮은 잔소리!

귀 하 다

貴
귀할 귀

한자 + 동사

공부를 열심히 하면 성적이 좋아지고, 좋은 대학에 갈 수 있어.

잔소리 같겠지만 어디서 이런 **귀한** 말을 듣겠니?

귀찮다.

엄마의 잔소리가 가끔 귀찮을 때도 있지만 엄마의 잔소리를 듣는 일은 아주 귀한 일이에요. 그것 참 이상하죠? 귀찮은 일이 동시에 귀한 일이기도 하다니요. 귀하다와 귀찮다에는 똑같이 귀할 귀(貴)라는 한자가 들어가거든요. 이렇게 한 글자의 한자 뒤에 동사가 붙으면서 새로운 뜻을 갖게 되는 낱말들이 있어요.

한 글자 한자로 만드는 말

먼저, 다를 별(別)이 들어가는 말들을 살펴볼까요?

"너 성격이 참 별나구나!"라는 말을 종종 하잖아요. 보통과는 다르게 특별하고 이상할 때 별나다고 해요. 별다르다, 별스럽다고도 말하죠. 비슷한 뜻을 가진 말로 색다르다도 있어요.

가끔 상한 음식이나 썩은 것을 보면 구역질이 나기도 하죠? 그렇게 마음에 거슬리고 구역질이 날 것 같은 기분은 거스를 역(逆)을 써서 역하다라고 해요. 역겹다고도 하죠.

한편, 뒤에 붙는 말에 따라서 뜻이 완전히 달라지는 경우도 있어요. 잘 자란 열매처럼 속이 꽉 찬 것을 두고 실(實)하다고 하잖아요. 반대로 겉은 그럴듯한데, 안이 텅 비어 있을 때는 실없다고 말해요.

귀 (貴귀할 귀)하다

흔하지 않고 존중할 만하다

■ 귀(貴)찮다
성가시고 번거롭다

■ 별(別나눌 별)나다
= 별다르다 = 별스럽다
보통과는 다르다

■ 색(色빛 색)다르다
보통과 다른 특색이 있다

■ 역(逆거스를 역)하다 = 역겹다
속이 메슥거리다, 못마땅하다

■ 실(實열매 실)하다
속이 꽉 차고 든든하다

■ 실없다
말이나 행동이 믿음직하지 못하다

■ 급(急급할 급)하다
바빠서 여유가 없다

■ 둔(鈍무딜 둔)하다
동작이 느리거나 감각이 무디다

"에이 실없는 농담이네."라는 말은 진실하지 않아서 믿음이 없다는 뜻이에요.

아주 바쁜 상황이나 빠른 것을 두고 급(急)하다고 해요. 언덕의 경사가 급하다거나, 물살이 급하다는 뜻으로 쓰이기도 해요.

반대로 행동이 굼뜨거나 둥글둥글한 모양을 가진 것은 둔(鈍)하다고 하지요.

기(氣)막히다는 말은 어떤 일에 놀라서 어이가 없을 때 써요. 너무 놀라운 일을 겪어서 우리 몸속에 흐르는 기가 갑자기 막혀 버리는 거예요. 아주 대단하거나 좋은 것을 보고도 기막히다고 하거든요.

한 글자 한자가 모여 만드는 말

일이 잘 풀리는 아주 좋은 날을 두고 길(吉)한 날이라고 해요. 운이 좋다는 뜻이에요. 반대로 일이 풀리지 않고 나쁠 때는 흉(凶)하다고 하죠.

가난하거나 어려운 상황에 내몰렸을 땐 궁지에 몰렸다는 말로 궁(窮)하다고 해요.

사람이 넉넉하지 못해서 몸과 마음이 지치고 고된 상태를 곤(困)하다고 해요. 피곤하다는 뜻이지요.

이 두 한자어를 합쳐서 생활이 매우 가난하고 어려운 상황을 곤궁하다고 해요.

- **기(氣기운 기) 막히다**
  어떤 일에 놀라서 어이가 없다
- **길(吉길할 길)하다**
  운수가 좋거나 일이 잘 풀리다
- **흉(凶흉할 흉)하다**
  운수가 사납다
- **궁(窮다할 궁)하다**
  가난하다, 일이 어려워 빠져나갈 방법이 없다
- **곤(困괴로울 곤)하다**
  몸과 마음이 지치다
- **곤궁(困窮)하다**
  생활이 가난하고 어려운 상황이다

🔔 길흉
길과 흉을 합쳐서 운이 좋고 나쁨을 뜻해요.

내 비록 지금 상황이 **궁하지**만 반드시 다시 일어서겠어!

귀 찰다	역 하 다	급 하 다	둔 하 다	곤 하 다
貴	逆	急	鈍	困

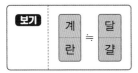
1 [보기]와 같이 소리는 다르지만 뜻이 비슷한 낱말을 쓰세요.

1) 왕 ≒ ☐ ☐

2) 의 상 ≒ ☐

2 주어진 낱말을 넣어 문장을 완성하세요.

1) 속 ≒ 내

물체의 안쪽 부분은 순수 우리 말로 ☐ 이고, 같은 뜻을 가진 한자어로 바꾸어 쓰면 ☐ 이다.

2) 심 성 ≒ 마 음

사람이 본래부터 지닌 성품은 우리말로 ☐☐ 이고, 비슷한 뜻을 가진 한자어로 바꾸면 ☐☐ 이라고 쓸 수 있다.

3) 거 의 ≒ 대 부 분

☐☐☐ 의 사람들이 끼니를 거르고 일에 참여했기 때문에 일이 ☐☐ 마무리될 수 있었다.

3 문장에 어울리는 낱말을 골라 ○표 하세요.

1) 마음먹고 (시작 / 처음)한 일은 끝을 봐야지.
2) 가는 (말 / 언어)(이)가 고와야 오는 (말 / 언어)도 곱지.
3) 영화 중간에 극장을 나와서 (결말 / 말단)을 보지 못했어.
4) 착한 마음을 가진 사람은 (심성 / 성질)이 곱다라고 말해.

4 짝 지은 낱말의 관계가 [보기]와 **다른** 것을 고르세요. ( )

| 보기 | 달걀 – 계란 |

① 왕 – 임금   ② 옷 – 의복   ③ 곧 – 금방
④ 처음 – 시작   ⑤ 결말 – 결심

계란	
달걀	
왕	
임금	
의복	
옷	
의상	
내	
속	
대부분	
거의	
금방	
곧	
시작	
처음	
심성	
마음	
언어	
말	
결말	
끝	
말단	

1 [보기]와 같이 한자어에 동사가 합쳐진 낱말을 쓰세요.

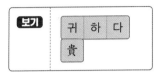

보기	귀 하 다

1) ⬜ 하 다 (逆) 2) ⬜ 하 다 (困)

2 주어진 낱말을 넣어 문장을 완성하세요.

1)

귀 하 다 / 찮 / 다

성가시고 번거로운 일은 ⬜⬜⬜ .

흔하지 않고 존중할 만한 것은 ⬜⬜⬜ .

2) 별 스 럽 다 / 나 / 다

보통과는 다르다는 뜻으로 ⬜⬜⬜ 라고

하고, ⬜⬜⬜⬜ 라고도 한다.

3)

실 하 다 / 없 / 다

속이 꽉 찼을 때는 ⬜⬜⬜ .

말이나 행동이 믿음직하지 못할 때는 ⬜⬜⬜ .

3 문장에 어울리는 낱말을 골라 ○표 하세요.

1) 너는 왜 이리 믿음직스럽지 못하고 (실한 / 실없는) 말만 하니?

2) (급할수록 / 둔할수록) 돌아가라는 말이 있지.

3) 모처럼 큰돈을 벌다니, 오늘은 (길한 / 흉한) 날인걸!

4 짝 지은 낱말의 관계가 [보기]와 <u>다른</u> 것을 고르세요. (   )

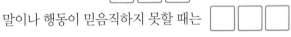

보기	귀하다 – 귀찮다

① 궁하다 – 곤하다   ② 실하다 – 실없다   ③ 별나다 – 별스럽다

④ 길하다 – 흉하다   ⑤ 급하다 – 둔하다

귀하다

귀찮다

별나다

별다르다

별스럽다

색다르다

역하다

역겹다

실하다

실없다

급하다

둔하다

기막히다

길하다

흉하다

궁하다

곤하다

곤궁하다

풋풋한 풋사과

풋 + 사 과

접두사

풋사과는 아직 덜 익어서 그런지 파랗고 조그맣구나.

난 그냥 사과.

아직 덜 익은 사과를 풋사과라고 해요. 파랗고 새콤한 맛이 나죠. '풋'이 처음 나온, 또는 덜 익었다는 말이거든요. 풋사과의 '풋'처럼 어떤 말의 앞에 붙어서 뜻을 더해 주거나 새로운 낱말이 되는 말들이 있어요. 이런 말들이 우리말의 뜻을 더욱 다양하고 풍성하게 하지요.

낱말 앞에 붙어서 성격을 나타내는 낱말

아직 덜 여물었거나 충분히 성숙하지 못한 것에도 '풋'이라는 말을 붙여요. 경험이 없어서 일에 서툰 사람은 풋내기라고 하죠.
비슷한 뜻으로 낱말 앞에 '애'가 들어가면 아직 어리거나 덜 자란 것을 뜻하죠.
꼬물꼬물 기어 다니는 아직 덜 자란 벌레를 □벌레라고 하고,
다 자라지 않은 덜 익은 호박은 □호박이라고 하지요.
오래된 것을 뜻할 때는 낱말 앞에 '옛'을 붙여요.
오래된 지난 날은 □날,
옛날에 쓰던 말은 □말,
옛날 사람은 □사람이라고 하지요.

풋사과

아직 덜 익은 사과

■ **풋내기**
젊고 경험이 없어 서투른 사람

■ **애벌레**
아직 다 자라지 않은 벌레

■ **애호박**
덜 여문 어린 호박

■ **옛날**
오래된 지난 날

■ **옛말**
옛날에 쓰던 말

■ **옛사람**
옛날 사람

■ **홑겹**
한 겹

■ **홑이불**
한 겹으로 된 이불

모양이나 움직임을 나타낼 때 붙이는 낱말

혼자 외따로 있는 모양을 나타날 때는
'홑'을 붙여요.
여러 겹이 아닌 한 겹을 ☐겹
이라고 하고, 한 겹으로 된
얇은 이불을 ☐이불이라고
하지요.

이제 **홑이불**을 덮을 때가 됐군.

곤충 중에는 밝고 어두운 것만 구분할 수 있는 간단한 구조의 눈을 가진 곤충도 있어요. 이런 눈을 홑눈이라고 해요.
서로 어긋나서 지나치는 모양에는 '엇'을 붙여요.
"어? 길이 엇갈렸네?"와 같이 사용되지요. 물건을 서로 마주 바꿀 때 엇바꾸다, 박자가 어긋날 때는 엇박자예요. 음이 제 박자에 오지 않고 벗어났다는 뜻이지요.
'치'는 위로 향하는 모양을 가리켜요. 치밀다는 위로 밀려 올라가는 모양을 말하지요. 화가 치밀어 오른다거나, 죽순이 흙을 치밀고 오른다거나 할 때 쓰여요. 불길이 치솟는다거나, 기온이 연일 치솟는다 할 때처럼 위로 솟구치는 모양이나 상태를 '치'를 붙여서 강조하지요.
손윗사람이 손아랫사람을 아끼는 것을 내리사랑이라고 해요.
반대로 손아랫사람이 손윗사람을 공경하고 사랑하는 일은 치사랑이에요. "내리사랑은 있어도 치사랑은 없다."는 속담도 있지요.

홑눈
곤충 등에서 볼 수 있는 간단한 구조의 눈

엇갈리다
서로 어긋나다

엇바꾸다
서로 마주 바꾸다

엇박자
어떤 일을 할 때 서로 호흡이 맞지 않음
음악 제 박자에 오지 않고 어긋나게 오는 박자

치밀다
아래에서 위로 솟아오르다

치솟다
위쪽으로 힘차게 솟아오르다

치사랑
손아랫사람이 손윗사람을 사랑함

🔔 **내리사랑은 있어도 치사랑은 없다**
손윗사람이 손아랫사람을 사랑하는만큼 손아랫사람이 손윗사람을 사랑하기는 어렵다는 뜻이에요.

풋+내기   애+벌레   옛+사람   치+밀다
홑+겹   홑+눈   엇+박자   치+솟다

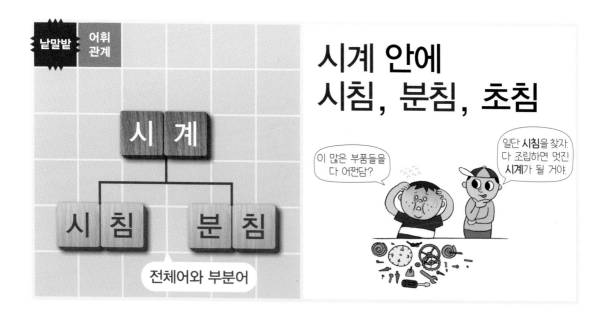

시계 안에 시침, 분침, 초침

전체어와 부분어

이 많은 부품들을 다 어쩐담?

일단 **시침**을 찾자. 다 조립하면 멋진 **시계**가 될 거야.

벽에 달린 시계를 살펴보세요. 무엇이 보이나요? 시계에는 시침도 있고, 분침도 있고, 초침도 있어요. 1부터 12까지의 숫자들도 있고, 시와 분을 알 수 있는 눈금들도 있지요. 하나의 시계에 각각의 부분을 알려 주는 말들이 아주 많네요. 여기에서 시침, 분침, 초침은 시계의 부분을 나타내는 '부분어'이고, 각각의 부분이 모여 만들어진 시계는 전체를 나타내는 '전체어'라고 해요.

부분을 나타내는 낱말

우리 몸을 이루고 있는 부분들을 살펴볼까요?
몸은 머리, 팔, 다리, 몸통 등의 부분으로 이루어져 있지요. 몸은 전체를 나타내는 말이고, 머리, 팔, 다리, 몸통 등은 몸을 이루고 있는 각각의 부분을 나타내는 말이에요.
팔을 한 번 살펴볼까요?
팔은 몸을 이루는 부분이지만, 팔에도 아주 많은 부분들이 있답니다.
팔에는 어깨, 팔꿈치, 손목이 있고,
또 손에는 손바닥, 손가락, 손톱, 손가락 마디가 있지요.

時 때 시 　 計 셀 계

시침, 분침, 초침, 숫자, 눈금 등으로 이루어져 시간을 재거나 시각을 가리키는 장치

▶ **시침**(時 針바늘 침)
시계에서 시를 가리키는 바늘

▶ **분침**(分나눌 분 針)
시계에서 분을 가리키는 바늘

▶ **몸**
머리, 팔, 다리, 몸통 등으로 이루어진 사람이나 동물의 머리에서 발까지 거기에 딸린 모든 부분

▶ **팔**
팔꿈치, 손목 등으로 이루어진 어깨부터 손목까지의 부분

▶ **손**
손바닥, 손가락, 손톱, 손가락 마디 등으로 이루어진 사람의 팔목 끝에 달린 부분

식물은 뿌리, 줄기, 잎으로 이루어져 있고,
잎은 잎맥과 잎몸, 잎자루로 이루어져 있답니다.
물고기는 눈과 입, 지느러미, 아가미, 부레, 비늘 등 물속에서
살기 위해 필요한 부분들이 아주 많지요.

전체를 나타내는 낱말

생활 속 물건들도 여러 부분들로
이루어져 있어요.

밥 먹을 때 필요한 식탁은 어떨
까요? 네 개의 다리, 음식을 올
려놓을 수 있는 상판이 모여 식
탁이 되지요.

학교 갈 때 매는 가방은 어때요?
들 수 있는 손잡이와 맬 수 있는
어깨끈이 모여서 가방이 되고요.

공부할 때 주로 사용하는 조명 기구인 스탠드는 전기를 연결하
는 전선, 빛이 들어오는 전구, 빛을 가리는 전등갓, 불을 켜고
끄는 스위치 등이 모여서 이루어져 있어요.

자동차는 몸체, 엔진, 바퀴, 핸들, 의자, 거울 등으로 이루어져 있
지요. 이 중 무엇이라도 하나 빠지면 자동차는 움직이지 못해요.

부분과 전체를 나타내는 말을 찾다 보니 어느새 이렇게 많은 말
들을 알게 됐네요!

식물(植심을 식 物물건 물)
뿌리, 줄기, 잎으로 구성되어
있는 생물 분류의 한 갈래

잎
잎맥, 잎자루, 잎몸으로 이루
어진 호흡과 광합성을 하는 식
물의 기관

물고기
눈, 입, 지느러미, 아가미, 부
레, 비늘 등으로 이루어진 물속
에 사는 척추 동물

식탁(食먹을 식 卓높을 탁)
다리, 상판 등으로 이루어져 식
사에 사용하는 탁자

가방
손잡이, 어깨끈, 지퍼 등으로
이루어진 물건을 넣어 다니는
휴대 용구

스탠드
전선, 전구, 전등갓, 스위치 등
으로 이루어진 이동식 전등

자동차(自스스로 자 動움직일 동
車차 차)
몸체, 엔진, 바퀴, 핸들, 의자,
거울 등으로 이루어진 땅 위를
달리는 것

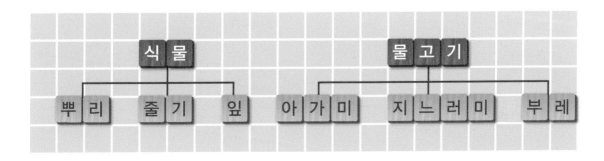

① [보기]와 같이 낱말 앞에 붙어서 새로운 뜻이 되는 낱말을 쓰세요.

| 보기 | 아직 덜 여물었거나 충분히 성숙
하지 못한 것을 뜻하는 말 | → | 풋 + 사 과 |

서로 어긋나서 지나치는 모양 → [ ] + 박 자

② 주어진 낱말을 넣어 문장을 완성하세요.

1) 풋 내 기
사
과

아직 충분히 여물지 않은 사과는 [ ][ ][ ] ,

경험이 없어서 일에 서툰 사람은 [ ][ ][ ]야.

2) 예 시 남
말

[ ][ ][ ] 들이 쓰던 [ ][ ] 은 요즘 사람들이

쓰는 말과 달라.

3) 치 솟 다
밀
다

기온이 계속 [ ][ ][ ] .

화가 계속 [ ][ ][ ] .

③ 문장에 어울리는 낱말을 골라 ○표 하세요.

1) 약속 장소에서 길이 (엇갈린 / 엇바꾼) 모양이야.

2) 너 같은 (풋내기 / 풋과일)에게는 한참 일러!

3) 여름에는 (홑 / 덧)이불을 덮어야 시원해.

4) (애벌레 / 옛벌레)는 자라서 나비가 될 거야.

5) (내리사랑 / 치사랑)은 있어도 (내리사랑 / 치사랑)은 없대.

풋사과

풋내기

애벌레

애호박

옛날

옛말

옛사람

홑겹

홑이불

홑눈

엇갈리다

엇바꾸다

엇박자

치밀다

치솟다

치사랑

내리사랑

낱말밭 블록 맞추기

시계
시침   분침

① [보기]의 낱말을 포함하는 전체어를 쓰세요.

[보기]
| 시 침 | 분 침 | 초 침 |
| 숫 자 | 눈 금 | 부 품 |

② 주어진 낱말을 넣어 알맞은 문장을 완성하세요.

1) 머 리 다 리 몸 통 팔 몸

머리, 다리, 몸통, 팔은 [ ]을 이루고 있는 각각의 부위를 나타내는 부분어야.

2) 식 물 뿌 리 줄 기 잎

[ ][ ], [ ][ ], [ ]의 전체어는 식물이야.

3) 바 퀴 자 동 차 핸 들 거 울

[ ][ ][ ]를 이루는 부분어는 몸체, 엔진, 바퀴, 핸들, 거울 등이야.

③ 문장에 어울리는 낱말을 골라 ○표 하세요.

1) 물고기는 (잎자루 / 아가미)를 이용해서 숨을 쉬어.

2) 시계에서 시를 가리키는 바늘은 (시침 / 초침)이야.

3) 공부할 때 주로 사용하는 조명 기구는 (전등갓 / 스탠드)(이)라고 해.

④ 짝 지은 낱말의 관계가 [보기]와 <u>다른</u> 것을 고르세요. (   )

[보기]   시계 – 시침

① 몸 – 머리   ② 가방 – 손잡이   ③ 손목 – 팔꿈치

④ 식물 – 뿌리   ⑤ 물고기 – 지느러미

시계
시침, 분침, 초침, 숫자, 눈금

몸
머리, 팔, 다리, 몸통

팔
팔꿈치, 손목

손
손바닥, 손가락, 손톱, 손가락 마디

식물
뿌리, 줄기, 잎

잎
잎맥, 잎자루, 잎몸

물고기
눈, 입, 지느러미, 아가미, 부레, 비늘

식탁
다리, 상판

가방
손잡이, 어깨끈, 지퍼

스탠드
전선, 전구, 전등갓, 스위치

자동차
몸체, 엔진, 바퀴, 핸들, 의자, 거울

어휘 퍼즐

		1)				5)		6)		
								7)		
2)			3)			8)				10)
			4)			9)				
		11)			16)		17)			
12)				15)						
		14)				18)				
	13)								20)	
						19)				

정답 | 142쪽

🔑 가로 열쇠

2) 어떤 일을 할 때 서로 호흡이 맞지 않음
4) 화면에 비치는 움직이는 모습을 찍은 것
5) 자기가 쓴 자기 전기
7) 승리와 패배
9) 자기를 해치고 버림
12) 어머니가 다시 결혼하여 생긴 아버지 = 의붓아버지
13) 일할 때 부르는 노래
15) 아침부터 저녁까지의 사이
18) 사물이나 말이 생기거나 근거나 나온 곳
19) 바다의 가장자리
20) 휴일이 이틀 이상 이어짐

🔑 세로 열쇠

1) 덜 여문 어린 호박 = ○+호박
3) 핸들, 의자, 거울, 엔진, 바퀴 등으로 이루어진 땅 위를 달리는 것
6) 한 번도 지지 않고 모두 이김
8) 이긴 사람
10) 모래나 흙으로 만든 그릇
11) 신랑 ↔ ○○
12) 몸을 가리거나 보호하기 위해 입는 것 = 옷
13) 겉으로 드러나는 것
14) 어떤 목적을 위해 떠남
16) 쉬는 날
17) 편안히 쉬는 곳
20) 사랑하는 사람을 그리워하며 부르는 노래

72

2장

씨글자 | 기본 어휘

맞
마주하다

마주 보고 하니까 맞절

저런! 신랑 신부가 머리를 부딪쳤네요. 꽤 아프겠는걸요.

그런데 신랑과 신부는 무엇을 하다가 그랬을까요? (　　)

① 입맞춤　　② 맞질　　③ 맞장구　　④ 안성맞춤

맞아요, 정답은 맞절이에요.
두 사람이 마주 보고 하는 절이라서 맞절이지요.

그럼 맞부딪친다는 말은 어떻게 부딪치는 걸까요? (　　)

① 맛을 보다가 부딪치는 것
② 서로 마주하여 세게 부딪치는 것

정답은 ②번이에요. 마주하여 부딪치니까 맞부딪치다죠.
'맞'은 서로 가까이 마주하고 있다는 뜻이거든요.
둘이 손을 마주 잡으면 맞잡다,
둘이 마주하여 가까이 대고 있으면 맞대다,
둘이 마주하여 닿아 있으면 맞닿다라고 해요.

맞-
마주하다

- **맞절**
  두 사람이 마주 보고 하는 절
- **맞부딪치다**
  서로 마주하여 부딪치다
- **맞잡다**
  마주 잡다
- **맞대다**
  마주하여 대다
- **맞닿다**
  마주하여 닿아 있다

74

휘잉~!

우아, 바람이 장난이 아닌데요! 지하철에서 이런 경험 있지요?

> 양쪽에서 마주 불어오는 바람을 뭐라고 부를까요? (　　)
>
> ① 양바람　　② 맞바람　　③ 둘바람　　④ 쌍바람

정답은 ②번이에요. 마주 보고 부는 바람은 맞바람이에요.

그림의 감자 좀 봐요.

몰래 콧구멍 '청소'를 하다가

□□□의 오렌지에게 들켜 버렸어요!

빈칸에 들어갈 말은 뭘까요? '맞은편'이에요.

마주 보이는 건너편을 맞은편이라고 하죠.

그럼 둘이 마주 서서 치는 장구는 뭘까요?

맞아요, 맞장구예요.

그럼 맞장구치다는 무슨 뜻일까요?

상대방의 말을 듣고 "그래, 그래." 하고 대답해 주는 걸 뜻해요.

맞장구를 쳐 주면 말하는 사람의 기분이 좋아지겠죠?

하지만 맞고함은 좋지 않아요. 서로 마주 보고 크게 소리치는

거니까 아무래도 시끄럽겠죠?

또, 둘이 서로 마주 보고 무엇을 들 때는 맞들다라고 해요.

- **맞바람**
  양쪽에서 마주 불어오는 바람
- **맞은편**
  마주 보이는 건너편
- **맞장구**
  둘이 마주 서서 치는 장구
- **맞장구치다**
  남의 말에 찬성한다는 식으로 대꾸하다
- **맞고함**
  서로 마주 보고 크게 소리를 지름
- **맞들다**
  마주하여 들다

정말 재있어! 나도, 나도!

🔔 **백지장도 맞들면 낫다**
백지장은 흰 종이 한 장을 말해요. 종이 한 장이라도 맞들면 훨씬 가볍겠죠? 작은 일도 서로 도우면 쉽다는 말이에요.

둘은 서로 어떤 사이일까요? (   )

① 맞수   ② 연인   ③ 친구   ④ 친척

맞아요. 정답은 ①번, 맞수지요.
몸집도 비슷하고, 힘도 비슷하고, 누가 더 센지 말하기 힘들겠
죠? 그렇게 누가 더 나은지 가리기 힘들 때 맞수라고 불러요.
맞수인 두 코뿔소가 팽팽히 맞서고 있네요.
맞서다는 서로 힘을 겨루며 버티고 있다는 말이거든요.
서로 지지 않으려고 싸우는 거죠.
맞에는 이렇게 서로 엇비슷하거나 같다는 뜻이 숨어 있어요.
맞먹다의 '맞'도 마찬가지예요.

그럼 '맞먹다'는 무슨 뜻일까요? (   )

① 마주 보고 밥을 먹다
② 양쪽의 밥을 다 먹다
③ 서로 정도가 같거나 비슷하다

정답은 ③번이에요.
'키가 거의 ☐ 먹는다'는 말은
키가 거의 비슷하다는 뜻이겠죠.

맞-
엇비슷하다

■ **맞수**
실력이 비슷하여 누가 나은지
가리기 힘든 상대

■ **맞서다**
서로 힘을 겨루며 버티다

■ **맞먹다**
서로 엇비슷하거나 같다

🔔 **맞장기**
실력이 비슷한 두 사람이 두는
장기를 맞장기라고 해요. 실력
이 비슷하니 누가 이길지 예상
하기 어렵겠죠?

76

대파 군과 감자 군이
한판 붙었네요!

이렇게 서로 맞서서
겨루는 걸 뭐라고
할까요? (   )

① 대결   ② 오락   ③ 독서   ④ 설거지

너무 쉽다고요? 하하, 정답은 ①번, 대결이지요.
한자 대(對)는 '맞'과 비슷한 말이에요.
'마주하다, 맞서다, 비슷하다'라는 뜻을 가지고 있지요.
서로 맞서서 승패를 결정하려 겨루는 것은 대결(對決),
반대편에 마주 서는 것은 대립(對立)이라고 해요.
빈칸을 채우면서 한자 대(對)가 들어가는 말을 더 알아봐요.
얼굴을 마주 보는 것은 □면, 맞서서 버티는 것은 □항,
적에 맞서는 것은 □적, 실력이 비슷하여 서로 맞설 만한
것은 □등이라고 하죠.

對	맞설 대

對	決
맞설 대	결정할 결

승패를 결정하려고 맞서서 겨룸

對	立
맞설 대	설 립

반대편에 마주 섬

■ **대면**(對 面얼굴 면)
얼굴을 마주 봄
■ **대항**(對 抗저항할 항)
맞서서 버팀
■ **대적**(對 敵적 적)
적에 맞섬
■ **대등**(對 等같을 등)
실력이 비슷하여 서로 맞설 만함

🔔 **이런 말도 있어요**

한자 '대(對)' 앞에 '맞'을 붙여 쓰기도 해요. 뜻이 같은 말을
함께 써서, 둘이 서로 맞선다는 것을 강조하는 말이 된답니다.

■ 맞대결 = 맞 + 대결
■ 맞대항 = 맞 + 대항

맞절

맞부딪치다

맞잡다

맞대다

맞닿다

맞바람

맞은편

맞장구

맞장구치다

맞고함

맞들다

① 공통으로 들어갈 낱말을 쓰세요.

은 편 / 들 다 ── 절 ── [ ] ── 수 ── 장 구 / 서 다

② 어떤 낱말에 대한 설명인지 쓰세요.

1) 두 사람이 마주 보고 하는 절 → ☐☐

2) 서로 마주하여 부딪치다 → ☐☐☐☐☐

3) 양쪽에서 마주 불어오는 바람 → ☐☐☐

4) 일굴을 마주 봄 → ☐☐

5) 적에 맞섬 → ☐☐

③ 알맞은 낱말을 찾아 문장을 완성하세요.

1) 백지장도 ☐☐면 낫다.

2) 너는 나의 ☐☐가 되려면 실력이 아직 멀었어.

3) 지영이와 옥희의 의견이 팽팽히 ☐☐하고 있어서 걱정이야.

4) 유난히 건강한 동생의 몸무게는 형하고 거의 ☐☐☐☐.

5) 누나 말에 ☐☐☐치지 말고 시금치 좀 먹으렴!

4 문장에 어울리는 낱말을 골라 ○표 하세요.

1) 신랑과 신부 마주 보고 서로 (맞절 / 맞장구) 하세요.

2) 두 사람 모두 실력이 (대등 / 대항)하네.

3) 길 건너 (맞은편 / 맞장구)에 있는 서점으로 와.

5 그림을 보고, 빈칸에 들어갈 알맞은 낱말을 쓰세요.

→ 대파 군과 감자 군이 씨름으로 ☐☐☐을 펼치고 있습니다.

6 그림과 어울리는 낱말을 연결하세요.

1)

2)

3)

   맞대다   맞들다   맞잡다

| 맞수 |
| 맞서다 |
| 맞먹다 |
| 맞장기 |
| 대결 |
| 대립 |
| 대면 |
| 대항 |
| 대적 |
| 대등 |
| 맞대결 |
| 맞대항 |

내 짝, 네 짝, 우리는 단짝

사과 양은 감자 군이 마음에 안 드나 봐요. 짝이 되면 둘씩 붙어 앉지요? 이렇게 둘이 어울려 한 쌍이 되는 것이 짝이에요.
그럼 아래 그림에서 서로 어울리는 것끼리 짝을 지어 볼까요?

잘했어요. 서로 똑같이 생긴 짝도 있고, 다르게 생긴 짝도 있네요. 생김새가 어떻든, 짝끼리 서로 잘 어울리죠?

그럼 다음 중에 다른 말은 무엇인지 골라 봐요. (　　　)

① 짝을 이루다　② 짝이 되다　③ 짝을 짓다　④ 짝이 싫다

맞아요. ④번만 빼고 모두 한 쌍이 된다는 말이에요.

짝

둘이 어울려 한 쌍이 되는 것

🔔 **짝을 맞추다**
혼자 있는 것에 어울리는 짝을 붙여 주는 것을 말해요.

🔔 **짝짓기**
알이나 새끼를 낳기 위해 동물의 암컷과 수컷이 짝을 이루는 걸 뜻해요.

배추 아저씨의 고민을 우리가 해결해 드려요.
젓가락 한 짝이면 몇 개일까요? (　　　)

① 젓가락 한 개　　　　　② 젓가락 두 개

딩동댕! 정답은 ①번이에요.
젓가락 한 짝은 젓가락 한 벌 중의 하나만을 가리키는 말이거든
요. 이렇게 짝은 서로 어울리는 둘 가운데 하나를 세는 말이기
도 해요.

아침에 지각할까 봐 급하게 준비하다가
한쪽엔 줄무늬 양말, 다른 쪽엔 흰 양
말을 신어 본 적이 있나요?
이런 걸 짝짝이라고 하죠.
한 쌍을 이루긴 했는데,
자기 짝이 아닐 때 쓰는 말이에요.
짝짝이가 되어 버린 것에도
'짝'이 붙어요.
양쪽이 서로 자기 짝이 아닌 신은 □신,
양쪽이 서로 자기 짝이 아닌 버선은 □버선.

짝
쌍을 이루는 것 가운데 한쪽

🔔 **한 벌**
'벌'은 옷이나 그릇 따위가 두
개 또는 여러 개 모여서 이루어
진 덩어리를 세는 말이에요. 젓
가락 한 벌은 젓가락 두 개로 되
어 있지요.

🔔 **짝사랑**
상대가 없이 혼자 좋아하는 사
랑이 '짝사랑'이에요.

짝-
짝짝이

■ **짝짝이**
자기 짝이 아닌 것이 쌍을 이룬 것
■ **짝신**
서로 자기 짝이 아닌 신
■ **짝버선**
서로 자기 짝이 아닌 버선

■ **짝꿍**
옆자리에 앉는 짝

■ **단짝**
늘 붙어 다니는 아주 친한 친구

■ **짝패동무**
단짝을 뜻하는 북한말

■ **딱친구**
단짝을 뜻하는 북한말

히히. 감자 군이 짝꿍의 뜻을 제대로 알고 있는걸요.

교실에서 옆자리에 앉는 짝을 뭐라고 부를까요?

맞아요. 이렇게 짝을 이루는 친구를 짝꿍이라고 부르잖아요.

'짝꿍'은 옆자리에 앉은 것처럼 늘 붙어 다니는 친구를 가리키는 말이기도 해요.

마음이 잘 통하고 서로를 좋아하니까 늘 붙어 다니는 거겠죠?

> 북한의 친구들은 짝꿍을 뭐라고 부를까요? (   )
>
> ① 돼지   ② 엄마   ③ 짝패동무   ④ 여보

정답은 ③번, 짝패동무예요.

'동무'는 '친구'라는 뜻의 우리말이거든요. 그래서 짝패동무는 짝을 이루는 동무, 짝꿍과 같은 말이에요.

짝꿍을 다른 말로 단짝이라고도 해요. 단둘이서만 붙어 다닐 만큼 아주 친한 친구라는 뜻이지요.

🔔 **~하기 짝이 없다**
비교할 대상이 없을 정도로 '정말 ~하다'는 말이에요. '심심하기 짝이 없다'는 정말 심심하다는 말이에요. '불쌍하기 짝이 없다'는 정말 불쌍하다는 말이고요.

> 단짝끼리는 딱 붙어 다니겠죠? 그래서 북한 친구들은 단짝을 □□□라고 불러요. 빈칸에 들어갈 말은 무엇일까요? (   )
>
> ① 딱친구   ② 뿅친구   ③ 똑친구   ④ 뺑친구

정답은 ①번, 딱친구예요. 딱 붙어 다니는 딱친구! 참 재밌죠?

■ 짝수
짝이 맞는 수

■ 홀수
짝이 안 맞는 수

어이구, 감자 군은 짝수, 홀수가 뭔지 모르나 봐요.
아래 그림에서 구슬의 짝을 맞춰 보면서 알려 줄까요?

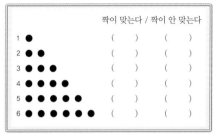

2, 4, 6은 구슬이 둘씩 짝이 맞고, 1, 3, 5는 짝이 없는 구슬이 있으니까 짝이 맞지 않지요?
이렇게 짝이 맞는 수는 짝수이고, 짝이 안 맞는 수는 홀수라고 해요.
이번에는 수를 차례대로 불러 봐요.

야, 참 재밌네요! 홀수와 짝수가 번갈아 가면서 하나씩 있군요.
우리 반 친구들의 수가 ☐수라면, 모든 친구에게 짝이 있을 거고, 친구들의 수가 ☐수면, 짝 없이 혼자 앉는 사람이 생기겠죠?

🔔**홀**
'홀'은 혼자라는 말이에요. '홀어미'는 남편을 잃고 혼자 지내는 여자, '홀아비'는 아내를 잃고 혼자 지내는 남자를 말하죠. 그럼 '홀몸'은 무슨 말일까요? 가족이 아무도 없이 혼자인 몸이라서 '홀몸'이지요.

짝

짝
(둘이 어울려
한 쌍이 되는 것)

짝을 맞추다

짝짓기

짝
(쌍을 이루는 것
가운데 한쪽)

한 벌

짝사랑

짝
(짝짝이)

짝짝이

짝신

짝버선

1 공통으로 들어갈 낱말을 쓰세요.

| 수 | | | | 사 랑 |
| 꿍 | 눈 | | 이 | 짓 기 |

2 어떤 낱말에 대한 설명인지 쓰세요.

1) 서로 자기 짝이 아닌 한 쌍 → ☐☐☐

2) 알이나 새끼를 낳으려고 암컷과 수컷이 짝을 이루는 일 → ☐☐☐

3) 주위에 가족이 아무도 없이 혼자인 몸 → ☐☐

4) 짝이 맞는 수 → ☐☐

5) 옆자리에 앉는 짝 → ☐☐

3 알맞은 낱말을 찾아 문장을 완성하세요.

1) 오른발은 운동화, 왼발은 구두. ☐☐을 신고 학교에 와 버렸네.

2) 신발을 ☐☐☐로 신고 나가서 창피를 당했지 뭐야.

3) 늘 붙어 다니는 성민이는 내 ☐☐ 친구예요.

4) 1, 3, 5, 7은 모두 ☐☐예요.

5) 짚신도 ☐이 있다.

4 문장에 어울리는 낱말을 골라 ○표 하세요.

1) 민아는 태혁이를 오랫동안 (짝사랑 / 단짝)했어.

2) 북한에서는 짝꿍을 (짝패동무 / 똑친구)라고 해.

3) 우리 반 아이들의 수가 (짝수 / 홀수)여서 짝이 안 맞네.

5 그림을 보고, 빈칸에 알맞은 들어갈 낱말을 쓰세요.

→ ☐ ☐ ☐ ☐

6 그림과 어울리는 낱말을 연결하세요.

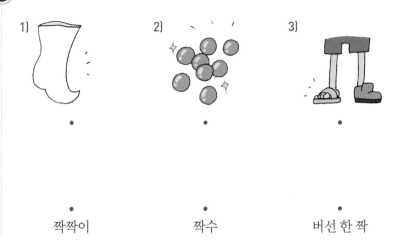

1)   2)   3)

짝짝이   짝수   버선 한 짝

짝꿍	
단짝	
짝패동무	
딱친구	
~하기 짝이 없다	
짝수	
홀수	
홀 (혼자)	
홀어미	
홀아비	
홀몸	

부르는 게 값이라니 너무 비싸요

값

그림의 빈칸에 들어갈 말은 무엇일까요? (   )

① 값   ② 돈   ③ 맛   ④ 무게

맞아요, 정답은 ①번이에요. 값이란 무엇을 사기 위해 파는 사람에게 내야 하는 돈을 말해요.
피자를 사 먹으려면 피자 가게에 돈을 내야 하지요?
바로 피자 값이에요.
파는 것들에는 이렇게 저마다 값이 정해져 있지요.

물건을 팔기 위해 값을 정하는 길 뭐라고 할까요? (   )

① 값을 주다   ② 값을 사다
③ 값을 팔다   ④ 값을 매기다

맞아요. 정답은 ④번, 값을 매기다죠.
반대로, 물건을 사려고 돈을 내는 건
값을 치르다라고 말해요.

값

무엇을 사기 위해 내야 하는 돈

▶ **값을 매기다**
물건을 팔기 위해 값을 정하다

▶ **값을 치르다**
물건을 사려고 돈을 내다

🔔 백 년 묵은 산삼은 값을 매길 수 없을 만큼 귀해요. 그래서 파는 사람이 달라는 대로 줘야 하죠. 이럴 때 '부르는 게 값'이라는 말을 써요.

헐값이 어떤 것이기에 두꺼비가 저렇게 아쉬워하는 걸까요?
헐값의 뜻은 무엇일까요? (　　　)

① 원래보다 싼 값　　　　② 헌 돈으로 치른 값

정답은 ①번이에요. 새집을 헌 집과 바꾸다니, 원래 받아야 하는 값보다 훨씬 싸게 판 거나 마찬가지잖아요.

헐값은 이렇게 원래보다 싼 값을 말해요.

반대말은 제값이에요. 충분히 받을 만한 값이라는 뜻이지요.

보석은 귀해서 값이 비싸잖아요. 그래서 돈을 많이 줘야 살 수 있어요.

이런 물건을 값지다라고 말해요. 값나가다도 비슷한 말이고요.

하지만 그런 것들만 값진 건 아니에요.

보람 있고 뜻 깊은 일에도 '값지다'라는 말을 써요.

친구와의 우정, 부모님의 사랑 같은 것은
돈으로 따질 수도,
값을 매길 수도 없는 매우 값진 것이지요.

이럴 때 '값'은 어떤 일이 지닌 중요함이나
의미를 뜻해요.

값이 비싸면 값지다고 하는 것처럼,
소중하고 큰 의미가 있는 일도
값지다고 말하죠.

■ **헐값**
원래보다 싼 값

■ **제값**
충분히 받을 만한 값

■ **값지다**
값이 비싸다, 보람 있고 뜻 깊다

■ **값나가다**
값이 비싸다

저런, 손님이 배를 가져가 버렸네요! 왜 그랬을까요? (　　　)

① '뱃값'이라고 잘못 적어서　　② 손님이 배가 맘에 들어서

삯

물건을 이용하거나 일을
시키기 위해 주는 돈

■ **뱃삯**
배를 빌려 타고 가는 데 드는 돈

■ **품삯**
품값으로 주는 돈

■ **삯바느질**
품삯을 받고 하는 바느질

🔔 **비(費)가 붙은 말들**
낱말 끝에 붙은 '비(費비용 비)'는
무엇을 사거나 일을 하는 데 드
는 비용, 즉 돈을 말해요.
공부하는 데 드는 돈은 '교육비',
학교 급식을 먹는 데 드는 돈은
'급식비'라고 하잖아요.

정답은 ①번이에요. '뱃값'은 배를 살 때 내는 돈이거든요.
배를 빌려 타고 가는 데 드는 돈은 뱃삯이라고 해요.
이렇게 어떤 물건이나 교통수단을 이용하면서 내는 돈을
삯이라고 해요.
'삯'의 뜻을 생각하면서 빈칸을 채워 볼까요?
비행기를 이용하며 내는 돈은 비행기☐,
기차를 이용하며 내는 돈은 기차☐이죠.
다른 사람의 재주나 노력은 '품'이라고 해요.
그럼, 품을 빌려 주고 받는 돈은? 맞아요, 품삯이지요.
재봉틀이 없던 옛날에는 바느질 솜씨를 남에게 빌려 주기도
했어요. 이렇게 바느질을 해 주고 돈을 받는 것을
삯바느질이라고 해요.
품삯을 받고 하는 바느질이라는 뜻이지요.
심부름을 하는 것도 시간과 노력을
빌려 주는 거예요.
그럼 심부름을 해 주고 받는 돈은 뭘까요?
심부름☐이죠.

할머니는 우리를
삯바느질로
키우셨대요.

감자 군은 수학에도 '값'이 있다는 걸 모르는군요.

값

(수학에서) 어떤 것이
나타내는 수

■ **식의 값**
식이 나타내는 수

수학의 값은 무엇일까요? (　　　)

① 식이 나타내는 수　　② 셈을 하기 위해 줘야 하는 돈

하하, 쉽죠? 정답은 ①번이에요.

식이 나타내는 수를 식의 값이라고 해요.

직접 식의 값을 구해 볼까요? (　　　)

5＋3＝[　　　]

맞아요, 답은 8이에요.
값을 잘 구했어요.
수학에서는 어떤 것이 나타내는 수를
그것의 값이라고 해요.

값

1 공통으로 들어갈 낱말을 쓰세요.

지 다		나 가 다
헐		제

2 어떤 낱말에 대한 설명인지 쓰세요.

1) 물건을 팔기 위해 값을 정하는 일 ➡ ☐☐ ☐☐☐

2) 물건을 사려고 돈을 내는 일 ➡ ☐☐ ☐☐

3) 원래보다 싼 값 ➡ ☐☐

4) 품값으로 주는 돈 ➡ ☐☐

5) 식이 나타내는 수 ➡ ☐☐ ☐

3 알맞은 낱말을 찾아 문장을 완성하세요.

1) 주말 농장에서 온 가족이 땀을 흘리며 ☐진 시간을 보냈어요.

2) 할머니는 평생을 ☐☐☐☐로 자식들을 키우셨지.

3) 학교 급식을 먹으려면 15일까지 ☐☐☐를 내야 해.

4) 이 물건을 사고 싶으면 ☐☐을 치르셔야죠.

5) ☐☐을 내지 않으면 이 배를 탈 수 없네!

4 문장에 어울리는 낱말을 골라 ○표 하세요.

1) 새집을 원래보다 싼 (헐값 / 제값)에 팔았어.

2) 비행기를 탈 때는 (뱃삯 / 비행기삯)을 내야지.

3) 바느질을 해 주고 돈을 받는 것은 (삯바느질 / 품바느질)이야.

5 그림을 보고, 빈칸에 공통으로 들어갈 알맞은 낱말을 쓰세요.

→ ☐

6 그림과 어울리는 낱말을 연결하세요.

1)   2)    3)

물건 값을 치르다   식의 값을 구하다   물건 값을 매기다

품삯

삯바느질

비

비용

교육비

급식비

값
(어떤 것이
나타내는 수)

식의 값

내 자리 내놔!

영화관에서도 교실에서도 내 '자리'를 잘 찾아야겠죠?
자리는 앉을 수 있는 의자나 장소를 말해요.
버스나 지하철을 타면 '자리'를 찾게 되지요?
하지만 할아버지, 할머니가 계시다면 자리를 양보해 드려야죠.

자리
앉을 곳

피아노 자리라고요? 피아노도 의자에 앉나요?
하하, 아니에요. 여기서 자리는 '어떤 것이 차지
하는 공간'이라는 뜻으로 쓰였어요.

> "여기가 약국이 있던 □□예요."
> 빈칸에 들어갈 말은 무엇일까요? (   )
>
> ① 좌석   ② 자리   ③ 자라   ④ 의자

정답은 ②번이에요. 피아노 같은 물건뿐 아니라,
약국 같은 건물이 차지하는 공간도 '자리'라고 말해요.
내가 서 있는 자리는 놀이터가 있던 자리였다고
말할 수도 있어요.

자리
물체가 차지하는 공간

그림을 보고, 빈칸에 알맞은 말을 연결해 볼까요?

- **제자리**
  원래 있었던 자기 자리
- **보금자리**
  새들이 모여 사는 자리, 가족이
  모여 사는 자리
- **가장자리**
  물건의 둘레나 끝자리
- **별자리**
  별들이 만들어 내는 여러 모양
- **제자리걸음**
  더 나아지거나 좋아지지 않고
  그대로임

다 놓았으면
□□□에
갖다 놔야지!

• 가장자리

식빵
□□□□는
먹기 싫어.

• 보금자리

□□□□에
있을 때 가장
행복해!

• 제자리

자네 수영
실력은 계속
제자리걸음이구먼.

물건이 원래 있었던 자기 자리는 제자리라고 하죠?
보금자리는 새들이 모여 사는 자리인
둥지를 말해요.
가족들과 편안하고 행복하게 사는 우리 집도
보금자리라고 불러요.
물건의 둘레나 끝자리는 가장자리라고 하고요.

하늘의 별들이 만들어 내는 여러 모양을 뭐라고 할까요? (   )

① 달자리   ② 꿈자리   ③ 구름자리   ④ 별자리

맞아요. 정답은 ④번, 별자리예요.
별들에게도 자리가 있었군요!

어떤 자리이기에 저렇게 감격하는 걸까요?
이때의 '자리'는 앞에서 배운 것과는
뜻이 달라요.
아래를 보면서 무슨 뜻인지 알아볼까요?

나랏일을 맡아 돌보는 자리는 벼슬□□,
좋은 자리를 놓고 서로 다투는 것은 □□다툼이에요.
중요한 벼슬자리는 특별히 한□□라고 해요.
이렇게 자리는 '하는 일에 따라 정해지는 위치'를
뜻하기도 해요. 하는 일이 중요하고 어려운 것일수록
높은 자리에 있다고 하지요.
앉거나 누울 수 있도록 바닥에 까는 물건도 자리예요.
이부자리는 바닥에 까는 이불과 요를 뜻해요.
잠자리라고도 하지요.
왕골이나 풀로 엮은 깔개는 돗자리,
짚으로 엮은 자리는 짚자리예요.

자리

하는 일에 따른 위치

■ **벼슬자리**
나랏일을 맡아 돌보는 자리

■ **자리다툼**
좋은 자리를 놓고 다투는 것

■ **한자리**
중요한 벼슬자리

■ **이부자리**
바닥에 까는 이불과 요

■ **잠자리**
잠을 자는 자리

■ **돗자리**
왕골이나 풀로 엮은 깔개

■ **짚자리**
짚으로 엮은 자리

🔔 **이런 말도 있어요**

일자리는 먹고사는 데 필요한 돈을 벌려고 일을 하는
곳을 말해요. 한자어로 '직장'이라고도 하잖아요.
일자리를 구한다는 직장을 얻으려 노력한다는 말이에요.

94

자리
숫자의 위치

- 일의 자리
- 십의 자리
- 백의 자리
- 자릿값
  숫자의 자리가 나타내는 값

와하하, 10을 '십'이 아니라 '일영'이라고 읽다니요!
그러고 보니 이상하네요. 왜 '일영'이 아니라 '십'이라고
읽을까요? 100은 또 왜 '일영영'이라고 읽지 않죠?
그건 숫자에도 자리가 있기 때문이에요.
우리가 "일, 이, 삼, …"이라고 읽는
숫자들의 자리가 일의 자리예요.
"십, 이십, 삼십, …"이라고 읽는
숫자들의 자리는 십의 자리고요.
그럼 다음 빈칸을 채워 볼까요?
"백, 이백, 삼백, …"이라고 읽는
숫자들의 자리는 ☐☐ ☐☐예요.
빈칸의 답은, 백의 자리지요.
그러면 일, 십, 백처럼 숫자의 자리가 나타내는 값을
뭐라고 할까요?
맞아요, 자릿값이라고 하지요.

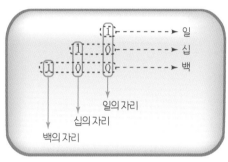

| 제 | 자 | 리 | | 보 | 금 | 자 | 리 | | 가 | 장 | 자 | 리 | | 이 | 부 | 자 | 리 |

| 별 | 자 | 리 | | 벼 | 슬 | 자 | 리 | | 일 | 의 | 자 | 리 | | 자 | 릿 | 값 |

자리

자리
(앉을 곳)

자리
(물체가 차지
하는 공간)

제자리

보금자리

가장자리

별자리

제자리걸음

자리
(하는 일에
따른 위치)

벼슬자리

자리다툼

1 공통으로 들어갈 낱말을 쓰세요.

제						보	금	

| 별 | | | | | | 벼 | 슬 | |

2 어떤 낱말에 대한 설명인지 쓰세요.

1) 물건의 둘레나 끝자리 ➡ ☐☐☐☐

2) 별들이 만들어 내는 여러 모양 ➡ ☐☐☐

3) 나랏일을 맡아 돌보는 자리 ➡ ☐☐☐☐

4) 숫자의 자리가 나타내는 값 ➡ ☐☐☐

5) 바닥에 까는 이불과 요 ➡ ☐☐☐☐

3 알맞은 낱말을 찾아 문장을 완성하세요.

1) 극장이 있던 ☐☐ 에 백화점이 들어섰다.

2) 지난 달 일을 그만둔 삼촌은 요새 새로운 ☐☐☐ 를 구하느라 바빠.

3) 성적이 하나도 오르지 않고 ☐☐☐ 걸음이야.

4) 이곳은 우리 가족이 모여 사는 ☐☐☐☐ 예요.

5) 내가 이래 봬도 큰 회사에서 ☐☐☐ 했던 사람이야.

4 문장에 어울리는 낱말을 골라 ○표 하세요.

1) 식빵 (가장자리 / 보금자리)도 남기지 말고 모두 먹어라.

2) 하늘의 (별자리 / 잠자리)를 보니, 벌써 가을이구나.

3) 왕골로 한 땀 한 땀 엮어 만든 (돗자리 / 짚자리)가 싸요 싸.

5 그림을 보고, 빈칸에 들어갈 알맞은 낱말을 쓰세요.

→ 부사장 : ☐☐☐☐에서 이기더니 출세했군!

→ 사장 : 음하하, ☐☐☐☐가 높고 볼 일이야.

→ 부장 : 잘 보이면 나도 ☐☐☐ 얻을 수 있지 않을까?

6 그림과 어울리는 낱말을 연결하세요.

1)

2)

3)

가장자리   보금자리   이부자리

| 한자리 |
| 이부자리 |
| 잠자리 |
| 돗자리 |
| 짚자리 |
| 일자리 |
| 자리 (숫자의 위치) |
| 일의 자리 |
| 십의 자리 |
| 백의 자리 |
| 자릿값 |

어림

어림으로 헤아려 봐

외계인 발견 **어림**해서 키가 1m쯤 되는 것 같다.

뭐? 어리다고? 나 어른이거든?

하하, 나이가 어리다는 뜻으로 한 말이 아닌데, 외계인이
잘못 알아들었군요.

'무게를 어림하다'의 뜻을 바르게 풀이한 말은 뭘까요? (   )

① 무게를 저울로 재다   ② 무게를 머릿속으로 헤아리다
③ 무게를 마음대로 정하다   ④ 무게를 계산하다

정답은 ②번이에요. 어림은 머릿속으로 대강 헤아리는 걸 뜻해요.
오른쪽 지렁이는 길이가 얼마나 될까요?
잠깐! 자를 대지 말고 머릿속으로만 헤아리는 거예요.
방금 한 것처럼 눈으로만 보고 헤아리는 건
눈대중이라고 해요.
'어림'이나 '눈대중'처럼 크기나 무게 따위를
실제로 재지 않고, 머릿속으로 대강 헤아려
재는 걸 어림재기라고 해요.
크기나 무게를 정확히 알아야 할 때에는
'어림재기'를 하면 안 되겠죠?

주근깨
어림잡아 50개

잉ㅠㅠ

어림

머릿속으로 대강 헤아림

▶ **어림잡다**
어림하다와 같은 말

▶ **눈대중**
눈으로만 보고 머릿속으로 헤아림

▶ **어림재기**
크기나 무게를 실제로 재지 않고 머릿속으로 대강 헤아려 재는 것

어림하여 구한 값은 정확하게 맞지 않을 수도 있어요.
정확한 값은 아니고 대충 '그 정도 된다'는 뜻으로 말할 때
쯤을 뒤에 붙이거든요.
또, 숫자 앞에 약, 대략이 들어가도
그 수에 가깝다는 말이에요.

> 다음 중에서 어림하여 구한 값이 <u>아닌</u> 것은 무엇일까요? (   )
>
> ① 약 21kg   ② 대략 1m   ③ 10살쯤   ④ 500원

맞아요. 정답은 ④번이에요.
500원은 정확한 값을 표현한 것이지만,
약, 대략, 쯤이 들어가면 그 값에 가깝다는 말이거든요.
어림을 좀 더 어려운 말로 어림짐작이라고 해요.
책을 읽을 때 모르는 단어가 나오면 단어의 뜻을
'어림짐작'하기보다는 국어사전을 찾아
정확하게 확인하는 것이 좋아요.
원래 '짐작'은 다른 사람의 마음이나 형편을
대강 헤아려 안다는 뜻이지만 '어림짐작'에는
형편뿐 아니라 수나 양을 대강 헤아린다는 뜻도 있어요.
어림없다는 '어림'이 없다는 말에서 나왔어요.
대강 헤아려 봐도 도저히 그럴 수 없다는 뜻이에요.

어림

머릿속으로 대강 헤아림

■ **어림짐작**
형편이나 수, 양을 대강 헤아림

■ **약, 대략, −쯤**
어림하여 구한 값 앞에 붙어서
'정확한 값은 아니고, 그 정도
되다'를 뜻하는 말

🔔 **가량**
가량도 '약, 대략, 쯤'과 비슷한
뜻으로 쓰는 말이에요.

■ **어림없다**
대강 헤아려 봐도 도저히 그럴
수 없다

밀린 일기가
어림짐작해도
20일치 이상…

ㅠㅠ

'충치가 줄잡아 10개'라면 충치가 몇 개라는 말일까요?

하하, 진짜 줄을 잡으라는 게 아니에요.

줄잡다는 조금 적게 어림한다는 말이에요.

'줄여 잡다'에서 온 말이지요.

충치가 실제로는 10개보다 약간 많지만 대강

헤아려 작은 값으로 말할 때, '줄잡아' 10개라고 말해요.

넉넉하게 늘려서 어림하는 건 넉넉잡다라고 하죠.

실제로는 충치가 10개보다 약간 적어요. 그런데 대강 헤아려

10개쯤으로 늘려서 말할 때는 '넉넉잡아 10개'라고 하면 돼요.

> 하! 줄여 잡으면 **줄잡아**, 넉넉하게 잡으면 **넉넉잡아**!

이번에는 어림한 수나 양 뒤에 붙는 말을 알아볼게요.

> "우리 집에서 학교까지는 걸어서 10분 남짓 걸립니다."
> 이 문장에서 10분 남짓과 가장 가까운 것은 뭘까요? (   )
>
> ① 11분   ② 8분   ③ 20분   ④ 30분

좀 어려웠는데, 잘 맞혔나요? 정답은 ①번이지요.

차고 조금 남는다고 해서 남짓이에요.

'10분 남짓'은 '10분이 되고 조금 남는다'는 뜻이에요.

11분이나 12분 걸린다는 말이죠.

한자말 여(餘)를 써서 '10여 분'이라고 표현해도 돼요.

▶ **줄잡다**

조금 적게 어림하다

▶ **넉넉잡다**

조금 늘려서 어림하다

▶ **남짓**

차고 조금 남을 정도

▶ **여(餘**남을 여**)**

남짓과 비슷한 말

🔔 **얼추와 거의**

'얼추'도 어림할 때 쓰는 말이에요. 말하는 것에 가깝다는 뜻으로 쓰는 말이지요.

'거의'는 말하는 것에 매우 가깝다는 말이고요.

얼추보다 좀 더 가까울 때 거의라고 쓰지요.

🔔 **'여'는 꼭 숫자 바로 뒤에 붙여서 써야 한다는 것을 기억하세요.**

10분 남짓 (○)

10여 분 (○)

10분 여 (×)

저런, 할머니께서 어림수로 말씀하셔서 구철이가
잘못 알아들었군요. 어림수는 어림하여 대강 세는
수를 말해요. 어림수를 더 알아볼까요?

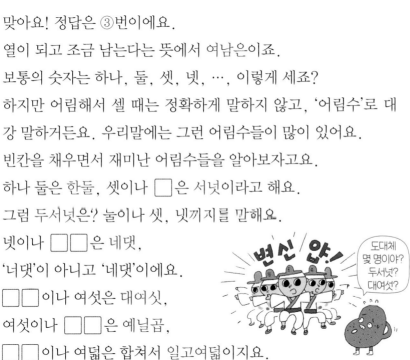

우리 구철이
이제 몇 살이지?
여남은 살 되나?

여남?
저 남잔데요.

여남은은 얼마쯤일까요? (　　　)

① 여섯이나 일곱　　② 여덟이나 아홉
③ 열이나 열하나　　④ 아홉이나 열

맞아요! 정답은 ③번이에요.
열이 되고 조금 남는다는 뜻에서 여남은이죠.
보통의 숫자는 하나, 둘, 셋, 넷, …, 이렇게 세죠?
하지만 어림해서 셀 때는 정확하게 말하지 않고, '어림수'로 대
강 말하거든요. 우리말에는 그런 어림수들이 많이 있어요.
빈칸을 채우면서 재미난 어림수들을 알아보자고요.
하나 둘은 한둘, 셋이나 □은 서넛이라고 해요.
그럼 두서넛은? 눌이나 셋, 넷끼지를 말해요.
넷이나 □□은 네댓,
'너댓'이 아니고 '네댓'이에요.
□□이나 여섯은 대여싯,
여섯이나 □□은 예닐곱,
□□이나 여덟은 합쳐서 일고여덟이지요.

변신 얍!

도대체
몇 명이야?
두서넛?
대여섯?

어림수
어림하여 대강 세는 수

■ **여남다**
열이 되고 조금 남다
■ **한둘**
하나나 둘
■ **서넛**
셋이나 넷
■ **두서넛**
둘이나 셋, 넷
■ **네댓**
넷이나 다섯
■ **대여섯**
다섯이나 여섯
■ **예닐곱**
여섯이나 일곱
■ **일고여덟**
일곱이나 여덟

어림잡다	어림재기	어림짐작	어림없다
대략	줄잡다	남짓	여남다　한둘　서넛

어림

어림

어림잡다

눈대중

어림재기

어림짐작

약, 대략,
-쯤

가량

어림없다

줄잡다

넉넉잡다

남짓

① 공통으로 들어갈 낱말을 쓰세요.

짐 작		잡 다
없 다		재 기

② 어떤 낱말에 대한 설명인지 쓰세요.

1) 머릿속으로 대강 헤아림 ➡ ☐☐

2) 형편이나 수, 양을 대강 헤아림 ➡ ☐☐☐☐

3) 조금 늘려서 어림하다 ➡ ☐☐☐☐

4) 어림하여 대강 세는 수 ➡ ☐☐☐

5) 차고 조금 남을 정도 ➡ ☐☐

③ 알맞은 낱말을 찾아 문장을 완성하세요.

1) 감자 군은 인기가 많아서 친한 친구가 ☐☐아 10명은 됩니다.

2) 눈으로만 보고 ☐☐☐으로 사온 옷인데 딱 맞아서 다행이야.

3) ☐☐☐☐로 해 보니 운동장 둘레가 200걸음이 넘어요.

4) 명절이면 할머니 댁에 모이는 친척이 스무 명 ☐ 됩니다.

5) 우리 집에서 학교까지는 어림잡아 10☐ 분 걸립니다.

4 그림을 보고, 알맞은 낱말을 골라 ○표 하세요.

→ 버섯돌이와 감자 군은 꼬마의 키를 (어림재기 / 자로 재기)

하고 있습니다.

5 빈칸에 들어갈 낱말로 <u>어색한</u> 것을 고르세요. (   )

 저 아나콘다의 길이는 얼마쯤 될까?

 어림잡아도 20m □□ 될 것 같네.

① 밖에   ② 가량   ③ 남짓   ④ 쯤

6 그림과 어울리는 낱말을 연결하세요.

1)    2)    3)

•   •   •

•   •   •

두서넛   한둘   여남은

| 여 |
| 얼추 |
| 거의 |
| 어림수 |
| 여남다 |
| 한둘 |
| 서넛 |
| 두서넛 |
| 네댓 |
| 대여섯 |
| 예닐곱 |
| 일고여덟 |

함께하는 식, 서로 다른 식

式 행사 식

式 행사 식

■ **결혼식**
(結맺을 결 婚결혼 혼 式)
결혼하여 부부로 맺는 의식

■ **입학식**(入들 입 學학교 학 式)
학교에 들어가는 것을 기념하
는 행사

■ **졸업식**
(卒마칠 졸 業공부 업 式)
공부를 마쳤음을 기념하는 행사

위 그림의 사람들은 모여서 무엇을 하고 있는 걸까요? (　　)

① 방학식　　　② 결혼식　　　③ 졸업식　　　④ 개막식

맞아요, 결혼식을 올리고 있어요. 이렇게 여러 사람이 모여서
하는 특별한 행사를 식(式)이라고 해요.
어른들만 '식'을 하는 건 아니죠?

학교에 처음 들어올 때 모여서 무슨 행사를 했지요? (　　)

① 입학 잔치　　② 입학 내회　　③ 입학식　　④ 입학회

네! 입학식을 했잖아요. 씩씩한 초등학생이 되는 걸 가족과 여
러 선생님들께서 축하해 주시는 행사지요.
나중에 6학년을 마칠 때는 뭘 할까요?
딩동댕! 졸업식이에요.
벌써 한 번 해 본 친구들도 있지요?
유치원 졸업식 말이에요!

올림픽이 열릴 때, 맨 처음에 무슨 행사부터 할까요?
바로 개회식이에요. 대회를 연다는 말이지요.

개회식과 비슷한 말은 뭘까요? (　　　)

① 개막식　　② 개학식　　③ 개업식　　④ 개관식

맞아요. 개막식이에요. 무대의 막을 여는 것처럼, 대회의 막을
열고 행사를 시작한다는 뜻이지요. 대회가 끝날 때는 폐회식을
해요. 폐회식과 비슷한 말은 폐□□이지요.

오른쪽을 봐요. 이건 무슨 장면일까요? (　　　)

① 몸무게 재기　　　② 시상식

맞혔나요? 정답은 ②번이에요. 시상식이지요.
상을 주는 행사가 시상식이에요.
결혼식을 하는 곳은 결혼식장이지요?
시상식을 하는 곳은 시상 뭐라고 할까요?
네, 시상식장이라고 해요.
행사를 하는 곳을 식장(式場)이라고 하거든요.
다음 빈칸을 채워 보세요.
입학식을 하는 곳은 입학□□이고,
졸업식을 하는 곳은 졸업□□이지요.

式	행사 식

■ 개회식
(開열 개 會대회 회 式)
대회를 여는 행사
■ 개막식(開幕막 막 式)
막을 여는 행사
■ 폐회식(閉닫을 폐 會式)
대회를 마치는 행사
■ 폐막식(閉幕式)
막을 닫는 행사
■ 시상식(施줄 시 賞상 상 式)
상을 주는 행사

式 행사 식	場 장소 장
행사를 하는 장소	

■ 시상식장
■ 결혼식장
■ 입학식장
■ 졸업식장

式 　 방식 식

- **전통식**
  (傳전할 전 統이을 통 式)
  전하여 이어져 내려온 방식
- **현대식**
  (現지금 현 代시대 대 式)
  지금 시대에 하는 방식
- **이동식**
  (移옮길 이 動움직일 동 式)
  옮겨서 움직일 수 있는 방식
- **수세식**(水물 수 洗씻을 세 式)
  물로 씻어 내는 방식
- **조립식**(組짤 조 立세울 립 式)
  짜 맞춰 완성하는 방식

어이쿠. 신랑이 혼쭐나고 있는데요? 결혼식이 끝나고 북어로 신랑 발바닥을 때리는 것은 우리나라 '전통식'이에요.
전통식은 옛날부터 내려오는 방법대로 하는 것을 말해요.
요즘 방법대로 하는 건 현대식이라고 하죠.
양복과 드레스를 입고 결혼하는 것은 '현대식'이에요.

여기에서 '식(式)'은 무엇을 뜻할까요? (　　　)

① 방법　　　② 방귀　　　③ 방문　　　④ 방석

너무 쉽다고요? 정답은 ①번이에요. 식(式)에는 '일을 하는 방법'이라는 뜻도 있어요. 비슷한 말은 방식이에요.

자, 그럼 다음 빈칸을 채워 볼까요?
고정되어 있지 않고 옮겨서 움직일 수 있는 화장실은?
이동◻ 화장실.
똥오줌을 물로 씻어 내리는 방식의 화장실은?
수세◻ 화장실.
완성되어 있지 않아서 직접 짜 맞추는 장난감은?
조립◻ 장난감!
빈칸에는 모두 방식을 나타내는 식(式)이 들어가요.

式 식 식

- **수식**(數셈수 式)
  셈을 간단하게 나타낸 식
- **덧셈식**
- **뺄셈식**
- **곱셈식**
- **식을 세우다**
  문장으로 된 수학 문제를 숫자와 기호로 나타내다, 식으로 나타내다

🔔 **기호**
+는 더하기 기호, −는 빼기 기호예요. '기호'는 미리 정해 둔 약속이지요.

1+2=3과 같이 써놓은 것을 '수식'이라고 해요.

여기에서 수식이란 셈을 간단하게 나타내는 방법을 말해요.

덧셈을 말로 풀어쓰면 너무 길잖아요.

숫자 사이에 더하기 기호 '+'를 쓰면 훨씬 간단해요.

이렇게 숫자와 기호를 써서 셈을 간단히 나타낸 식이 수식이에요.

수식은 줄여서 그냥 식이라고 불러도 돼요.

1+2=3   덧셈을 나타낸 식은 덧셈☐,

2−1=1   뺄셈을 나타낸 식은 뺄☐☐,

2×2=4   곱셈을 나타낸 식은 ☐☐☐이에요.

그럼 식을 세우다는? 식으로 나타내라는 뜻이에요.

귤이 10개 있었는데, 1시간 전에 2개를 먹고,

방금 4개를 먹었어요. 몇 개가 남았을까요?

문제를 '10−2−4=☐'처럼 숫자와 기호를 써서

식으로 나타내는 것을

바로 식을 세운다고 말해요.

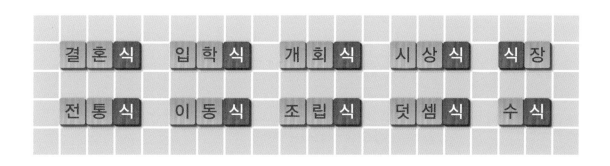

결혼식	입학식	개회식	시상식	식장
전통식	이동식	조립식	덧셈식	수식

式
행사 식

식
(행사)

결혼식

입학식

졸업식

개회식

개막식

폐회식

폐막식

시상식

식장

시상식장

결혼식장

입학식장

① 공통으로 들어갈 한자를 따라 쓰세요.

결 혼			조 립
입 학	장	수	전 통
졸 업			현 대

式
행사 식

② 어떤 낱말에 대한 설명인지 쓰세요.

1) 상을 주는 행사 → ☐☐☐

2) 옛날부터 내려온 방식 → ☐☐☐

3) 문장으로 된 수학 문제를 숫자와 기호로 나타내다.
  → ☐☐☐☐☐

4) 대회를 여는 행사 → ☐☐☐

5) 행사를 하는 장소 → ☐☐

③ 알맞은 낱말을 찾아 문장을 완성하세요.

1) 지난 파리 올림픽 ☐☐☐은 개막식보다 화려했지.

2) ☐☐☐ 장난감은 내 마음대로 모양을 만들어 볼 수 있어서 좋아.

3) 유치원 ☐☐☐을 마치고, 초등학교 ☐☐☐에 참석했어.

4) ☐☐☐☐에 드레스를 입은 신부가 등장했어요.

5) 숫자나 기호를 써서 셈을 간단히 ☐☐으로 쓰세요.

4 문장에 어울리는 낱말을 골라 ○표 하세요.

1) 올림픽 대회가 모두 끝나 (폐회식 / 개회식)이 열렸어요.

2) 사람이 많이 모였군. (이동식 / 전통식) 화장실을 설치해야겠어.

3) 올림픽 우승자들이 상을 받으러 (시상식장 / 결혼식장)에 들어섭니다.

5 그림을 보고, 빈칸에 공통으로 들어갈 알맞은 낱말을 쓰세요.

→ ☐☐☐ 결혼식에서는 신랑이 북어로 발바닥을 맞았어요.

→ 기와집은 한국의 ☐☐☐ 가옥이지요.

6 그림과 어울리는 낱말을 연결하세요.

1)

2)

3)

•   •   •

•   •   •

결혼식   입학식   시상식

졸업식장
식 (방식)
전통식
현대식
이동식
수세식
조립식
식 (시)
수식
덧셈식
뺄셈식
곱셈식
식을 세우다
기호

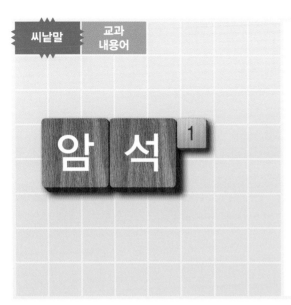

화산이 폭발하면서 만들어지는 암석

암석은 바위 암(巖)과 돌 석(石)이 합쳐진 말로 바위와 돌이라는 뜻이에요. 암석은 주로 산에 많지요? 산에 가서 바위들을 자세히 살펴보면 색과 모양이 모두 달라요. 이 바위들은 어떻게 만들어졌는지, 어떻게 생겼는지에 따라 이름이 다르지요. 낱말 뒤에 '암(巖)'이 붙으면 대부분 바위를 뜻하는 말이에요.

화산 활동으로 생긴 암석

화성암은 말 그대로 화산 활동으로 생성된 암석이에요.
화산은 땅속 깊은 곳의 암석이 녹아 생긴 마그마에 의해 생겨요. 뜨거운 마그마가 땅속에서 천천히 식어 굳으면 화강암이 되고, 땅 밖으로 분출되어 빠르게 식어 굳으면 현무암이 되죠.
화강암은 울긋불긋한 무늬가 있고 알갱이가 큰 암석이며, 현무암은 검은색이 감도는 작은 알갱이로 이루어진 단단한 암석이에요.
제주도에 가면 현무암으로 만든 돌하르방을 볼 수 있어요.
돌하르방은 검고 구멍이 숭숭 뚫려 있죠? 이 구멍은 용암이 빠르게 식으면서 가스가 빠져 나간 자국이에요.
그렇다면 용암은 어떤 바위일까요? 용의 바위일까요? 아니에요.

巖	石
바위 암	돌 석
바위와 돌	

■ **화성암**(火불화 成이룰성 巖)
화산 활동으로 생성된 암석

■ **마그마**
땅속 깊은 곳에 녹아 있는 암석

■ **화강암**(花꽃화 崗산등성이강 巖)
중국 화강이라는 지역에서 암석이 산출되어 붙여진 이름
`파생` 땅속에서 마그마가 천천히 식어서 생긴 암석

■ **현무암**(玄검을현 武단단할무 巖)
검은색이 감도는 단단한 암석
`과학` 땅 밖에서 마그마가 빨리 식어서 생긴 암석

■ **용암**(鎔녹을용 巖)
녹은 바위
`과학` 땅 밖으로 분출된 마그마

용암은 녹은 바위라는 뜻으로 마그마와 같은 말이에요.
땅속에 있을 때는 마그마, 땅 밖으로 나오면 용암으로 기억하세요!

여러 물질이 쌓이고 변해서 생긴 암석

퇴적은 쌓인다는 뜻이에요. 퇴적암은 쌓이고 쌓여 생성된 암석
이지요. 진흙, 자갈, 모래 등이 오랜 시간 동안 쌓여 단단해져
서 암석이 되는 거예요.

모래가 쌓여 단단해지면 사☐,

큰 자갈이 섞이고 쌓여 단단해지면 역☐,

진흙이 쌓여 단단해지면 이☐이지요.

산호나 조개 같은 것이 쌓여 단단해지면 석회☐이 만들어져요.

변성암은 성질이 변해서 만들어진 암석이에요. 왜 변했냐고요?

땅속의 높은 열과 압력을 받아 원래의 모습과 성질이 변했죠.

♪ 사암이 꾹꾹 눌리면 규암으로 된다네.

♫ 석회암이 열 받으면 대리암이 된다지.

♪ 화강암이 눌리고 열 받으면 편마암이 되네요.

사암은 거칠거칠하고 단단하지 않지만 규암은 반들반들하고 단
단해요. 석회암은 알갱이가
작은데, 대리암은 알갱이가
커요. 화강암은 검은 알갱
이가 보이고, 편마암은
검은 줄무늬가 있지요.

나는 사암이
변한 규암!

꾹꾹

- **퇴적**(堆쌓일 퇴 積쌓을 적)
  쌓이고 쌓이는 것
- **퇴적암**(堆積巖)
  흙, 자갈, 모래 등이 쌓이고 쌓
  여 굳어진 암석
- **사암**(砂모래 사 巖)
  모래가 쌓여 굳어진 암석
- **역암**(礫자갈 역 巖)
  자갈이 쌓여 굳어진 암석
- **이암**(泥진흙 이 巖)
  진흙이 쌓여 굳어진 암석
- **석회암**(石돌 석 灰재 회 巖)
  산호나 조개 같은 것이 쌓여 굳
  어진 암석
- **변성암**(變변할 변 成이룰 성 巖)
  열이나 압력을 받아 본래의 성
  질이 변화된 암석
- **규암**(硅규소 규 巖)
  규소 성분의 암석
  과학 사암이 변해서 된 암석
- **대리암**(大큰 대 理이치 리 巖)
  중국 다리(大理) 지역에서 많이
  나는 데에서 이름 유래
  과학 석회암이 변해서 된 암석
- **편마암**(片조각 편 麻삼 마 巖)
  삼 모양 줄무늬를 가진 암석
  과학 화강암이 변한 암석

	화		퇴		사		역		대
	강		적	용	암	이	암		리
화	성	암	현	무	암			변	성	암

암석을 이루는 돌도 암석

암석을 이루는 물질을 광물이라고 해요. 광물에는 활석, 금강석, 석영, 형석, 방해석, 자철석 등이 있는데 모두 '석(石)' 자가 들어가지요. 광물도 돌이거든요. 이번에는 광물인 돌과 석회암이 녹아서 만들어진 돌에 대한 낱말을 알아봐요.

광물 이름 석(石)

활석은 매끄러운 돌이란 뜻으로 아주 무른 돌이에요. 금강석은 쇠처럼 굳센 돌이라는 이름의 뜻만큼 아주 단단한 돌이지요. 여자들이 무척 좋아하는 보석이기도 해요. 바로 다이아몬드죠!

보석은 아름답고 귀한 돌이라는 뜻이에요. 돌 중에서도 아주 단단하고 빛깔과 광택이 아름다운 광물들이 주로 보석이 되지요.

빼어난 돌이라는 이름을 가진 석영도 보석 중 하나예요. 순수한 석영을 수정, 영어로는 크리스털(crystal)이라고 하죠. 아마 빛이 나기 때문에 빼어나다고 했나 봐요.

여러 방향으로 갈라지는 돌이라는 뜻의 방해석도 있어요. 이름이 재미있어서 오해받지만, 심술 맞게 방해 놓는 돌이 아니라는 것 이제 알겠죠?

巖	石
바위 암	돌 석
바위와 돌	

■ **광물**(鑛 쇳돌 광 物 물건 물)
암석을 이루는 물질

■ **활석**(滑 미끄러울 활 石)
매끄러운 돌

■ **금강석**(金 쇠 금 剛 굳셀 강 石)
쇠처럼 단단한 돌, 다이아몬드

■ **보석**(寶 보배 보 石)
아름답고 귀한 돌

■ **석영**(石 英 빼어날 영)
빼어난 돌

■ **수정**(水 물 수 晶 맑을 정)
순수한 석영, 크리스털(crystal)

빛이 나는 돌도 있어요. 형석은 가열하면 형광등처럼 빛이 나는
돌인데, 주로 유리 재료로 많이 쓰이죠.
자철석은 자석처럼 쇠에 붙는 돌이라는 뜻이에요. 이름처럼 돌
이 실제로 자석에 붙어요. 자연에서 만들어진 자석인 거죠.

암석이 녹아서 만들어진 동굴

석회 동굴은 빗물이 석회암 지대를 녹여서 생긴 동굴이에요.
우리나라 충북 단양에 있는 고수 동굴이 석회 동굴이지요.
석회 동굴에 들어가면 여러 가지 모양의 돌을 볼 수 있어요.
동굴 바닥에서 마치 죽순처럼 자라듯 생겨나는 돌을 석순이라고
해요. 죽순은 땅바닥에서 뾰족뾰족 올라오는 대나무 싹을 말하
거든요.
동굴 천장에는 종의 젖꼭지처럼 생긴 종유석이 달려 있어요.
옛날 종에 올록볼록 튀어나와 있는 것을 종유라고 하거든요.
비가 오면 빗물이 석회 동굴 속으로 떨어지면서 천장에 종유석
을 만들어요. 계속 빗물이 떨
어지면 고드름처럼 길어져서
종유석을 '돌 고드름'이라고
도 해요.
석순과 종유석이 서로 자라나
맞닿아 기둥처럼 연결되면 돌
기둥인 석주가 된답니다.

방해석(方네모 방 解가를 해 石)
네모로 잘 갈라지는 돌
형석(螢반딧불이 형 石)
가열하면 빛이 나는 돌
자철석(磁자석 자 鐵쇠 철 石)
자석처럼 쇠에 붙는 돌
석회 동굴(石 灰재 회 洞골 동
窟굴 굴)
석회암이 빗물에 녹아 만들어진
동굴
석순(石 筍죽순 순)
석회 동굴 바닥에 있는 죽순 모
양의 돌
종유석(鐘종 종 乳젖 유 石)
돌 고드름, 석회 동굴 천장에 종
의 젖꼭지처럼 매달려 있는 돌
석주(石 柱기둥 주)
돌기둥, 종유석과 석순이 맞닿
아 만들어진 기둥

암 석 ¹

1 공통으로 들어갈 낱말을 쓰세요.

역 □
이 □
화 강 □

□석

사 □
대 리 □
퇴 적 □

2 주어진 낱말을 넣어 문장을 완성하세요.

1)
| 퇴 |
| 적 |
| 화 | 성 | 암 |

화산 활동으로 생성된 암석은 □□□,
진흙, 자갈, 모래 등이 쌓여서 생성된 암석은
□□□이다.

2)
| | 사 |
| 이 | 암 |

모래가 쌓여 단단해지면 □□, 진흙이 쌓여 단단해
지면 □□이다.

3 문장에 어울리는 낱말을 골라 ○표 하세요.

1) 땅속에 마그마가 땅 밖으로 분출하면 (마그마 / 용암)이 된대.
2) 원래 가지고 있는 성질이 변해서 생성된 암석은 (변성암 / 화성암)이야.
3) 산호나 조개 등이 쌓여서 단단해진 암석은 (규암 / 석회암)이지.

4 예문에 알맞은 낱말을 빈칸에 쓰세요. [과학]

현무암과 화강암은 □□□가 굳어서 된 암석이지만 생성된 장
소에 따라 특징도 다릅니다. □□□은 땅 밖에서 빠르게 식어
생겼기 때문에 알갱이의 크기가 작고, □□□은 땅속에서 서
서히 식어 생겼기 때문에 알갱이의 크기가 큽니다.

| 암석 |
| 화성암 |
| 마그마 |
| 화강암 |
| 현무암 |
| 용암 |
| 퇴적 |
| 퇴적암 |
| 사암 |
| 역암 |
| 이암 |
| 석회암 |
| 변성암 |
| 규암 |
| 대리암 |
| 편마암 |

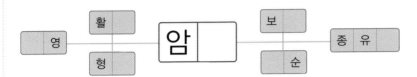

1 공통으로 들어갈 낱말을 쓰세요.

```
        활
  영              암          보
        형                   순     종  유
```

암석

광물

활석

금강석

보석

석영

2 주어진 낱말을 넣어 문장을 완성하세요.

1) | 보
   금 강 석

쇠처럼 굳센 돌은 □□□, 다이아몬드와 같이 아름답고 귀한 돌을 □□이라고 한다.

2) 종 유 석
        순

석회 동굴 천장에 종의 젖꼭지처럼 매달려 있는 돌을 □□□, 석회 동굴 바닥에서 죽순처럼 자라나는 돌을 □□이라고 한다.

수정

방해석

3) 형
   석 주

형광등처럼 빛나는 돌은 □□, 종유석과 석순이 맞닿아 기둥처럼 연결된 것은 □□이다.

형석

자철석

3 문장에 어울리는 낱말을 골라 ○표 하세요.

1) 여러 방향으로 갈라지는 돌은 (방해석 / 금강석)이야.

2) 석회 동굴 바닥에서 뾰족뾰족 올라오는 돌은 대나무 싹을 닮아 (석순 / 죽순)이라고 해.

3) 자석처럼 쇠에 붙는 돌은 (자철석 / 형석)이야.

4) 석회암이 빗물에 녹아 생긴 동굴은 (고수 동굴 / 석회 동굴)이지.

5) 암석을 이루는 물질을 (광물 / 동굴)이라고 해.

석회동굴

석순

종유석

석주

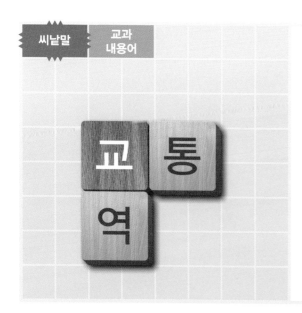

오고 가는 교통, 주고받는 교역

사람이 오고 가면 짐도 오고 가지.

교통이 발달하면서 세계는 아주 가까워졌어요. 하루 만에 우리 나라는 물론 다른 나라까지 갈 수 있잖아요. 이렇게 발달된 교통 덕분에 다른 나라와 물건을 사고파는 교역이 편리해졌지요. 교통은 서로 통한다는 뜻이고, 교역은 서로 주고받으며 바꾼다는 뜻이에요. 두 낱말을 이어 주는 사귈 교(交)는 사회 과목에선 서로 오고 가다는 뜻으로 많이 쓰여요.

서로 통하는 교통

명절에 시골에 계신 할머니 댁에 갈 때 어떤 교통편을 이용하나요? 기차? 자동차? 비행기를 타고 가는 친구도 있겠군요.

이러한 교통편은 다른 말로 교통수단이라고 해요. 교통수단은 교통을 이용할 때 쓰이는 방법을 말해요. 기차로 가면 기차 편, 비행기로 가면 비행기 편이지요.

설날, 추석 같은 명절에는 오고 가는 사람이나 차의 양이 많아져요. 이렇게 교통량이 많은 명절에는 대중교통을 이용하는 것이 좋아요.

어떤 교통수단을 이용하든지 교통 규칙을 잘 지켜야 해요. 특히

交 사귈 교　通 통할 통

소식을 주고받거나 사람이나 물건이 서로 오고 감

■ **교역**(交 易바꿀역)
서로 주고받으며 바꾸는 일

■ **교통편**(交通 便편할편)
교통에 쓰이는 수단

■ **교통수단**(交通 手손수 段단 계단)
교통에 쓰이는 수단

■ **교통량**(交通 量양량)
일정한 시간에 오가는 사람이나 차의 양

■ **대중교통**(大큰대 衆무리중 交通)
대중이 이용하는 교통수단

■ **교통 규칙**(交通 規법규 則규칙칙)
교통에 관련된 지켜야 할 규칙

교통 신호를 지키지 않으면 교통사고가 일어날 수 있어요. 교통사고는 신호나 법규를 지키지 않을 때도 나지만, 교통량이 평소보다 많을 때에 자주 일어나요.

그렇다고 너무 걱정 마세요. 도로가 복잡하거나 사고가 났을 때 정리하고 도와주는 교통경찰이 있잖아요.

서로 바꾸는 교역

먼 옛날부터 사람들은 필요한 물건을 서로 교환해서 썼어요. 물건을 서로 바꾼다 해서 물물 교환이라고도 해요. 들어봤죠?

그러면 나라와 나라 간에 물건을 사고팔거나 바꾸는 일은 뭘까요? 맞아요. 교역이에요.

비슷한 말로 무역이라고도 하지요.

뉴스에서 '남북한 교류', '문화적 교류'라는 말을 들어본 적이 있을 거예요.

교류는 서로 다른 물줄기가 섞여 흐른다는 뜻이에요. 문화가 서로 섞이는 것을 문화 교류라고 해요. 말이나 풍습, 예술 같은 문화는 물건처럼 바꾸기보다 서로 영향을 주고받으며 섞이지요. 그래서 문화 교환이라 하지 않고, 문화 교류라고 하는 거예요.

- **교통 신호**(交通 信소식 신 號부호 호)
  사람이나 차량이 질서 있게 가도록 나타내는 신호
- **교통사고**(交通 事일 사 故사고 고)
  교통하면서 일어나는 사고
- **교통경찰**(交通 警경계할 경 察살필 찰)
  교통 관련 업무를 맡은 경찰
- **교환**(交 換바꿀 환)
  서로 바꿈
- **물물 교환**(物물건 물 物交換)
  물건과 물건을 바꿈
- **무역**(貿무역할 무 易바꿀 역)
  각 나라에서 만든 물건을 사고 파는 일
- **교류**(交 流흐를 류)
  서로 섞여 흐름
- **문화 교류**(文글월 문 化될 화 交流)
  말, 풍습, 종교 등의 문화 교류

신호를 보내는 송신, 신호를 알리는 통신

서로에게 사랑의 신호를 보내고 있네요. 신호란 소식이나 정보를 알리는 소리나 기호, 몸짓 같은 것이에요. 송신은 이런 신호를 보내는 것이고, 통신은 신호를 전해서 알리는 것이지요. TV나 라디오 방송을 주로 송신한다고 하고, 컴퓨터나 휴대 전화는 통신한다고 해요.

송신과 수신이 들어간 낱말

우리가 자주 보고 접하는 텔레비전 방송은 방송국에서 영상이나 소리 신호를 송신하는 거랍니다.

신호를 송신했다면 이제 받아야겠지요? 신호를 받는 것은 수신, 수신하는 기계는 수신기라고 해요.

텔레비전과 라디오에 달린 수신기로 방송을 수신하면 집에서 재미있는 텔레비전을 보거나 라디오를 들을 수 있어요.

우주에 떠 있는 인공위성으로 신호를 보냈다가 받는 방송을 위성 방송이라고 해요. 위성 방송을 수신하는 기계는 위성 방송 수신기라고 하지요.

그럼, 수신기 중에서 소리를 수신하는 기계는? 음향 수신기죠.

送	信
보낼 송	소식 신
신호를 보냄	

- **통신**(通통할 통 信)
  신호를 전해서 알림
- **신호**(信 號부호 호)
  소식이나 정보를 알리는 소리나 기호, 몸짓
- **방송**(放놓을 방 送보낼 송)
  영상이나 소리 신호를 보냄
- **수신**(受받을 수 信)
  신호를 받음
- **수신기**(受信 機기계 기)
  수신하는 기계
- **위성**(衛지킬 위 星별 성) **방송 수신기**
  위성 방송을 수신하는 기계
- **음향**(音소리 음 響울릴 향) **수신기**
  소리를 받는 기계

통신과 관련된 낱말

방송이 주로 송신만 한다면 통신은 서로 주고받아요.

뉴스를 보다가 "외신 보도입니다." 이런 말을 들어본 적이 있을 거예요. 외신은 외국으로부터 온 통신이지요. 외국에서는 우리나라에서 보낸 통신이 외신이 되겠죠?

송신하고, 통신하고, 바쁘다 바뻐!

우편, 전화, 컴퓨터처럼 통신할 때 쓰는 매체는 통신 수단이라고 해요. 통신을 위해서 외국이나 지방에 촘촘히 그물처럼 짜놓은 연락 조직은 통신망이고요.

컴퓨터끼리 연결한 통신망은 컴퓨터 통신망, 컴퓨터 통신망끼리 연결한 세계 최대 규모의 통신망이 바로 우리가 매일 쓰는 인터넷이에요.

오늘날에는 휴대 전화나 컴퓨터를 통해 전자 신호로 통신을 해요. 대표적으로 컴퓨터 통신으로 전자 신호를 보내는 편지를 전자 우편 또는 이메일(e-mail)이라고 하지요.

컴퓨터 화면으로 보는 전자 신문도 있어요.

컴퓨터를 이용해 도서관 자료를 보는 전자 도서관도 있고요.

인터넷이 되는 어느 곳에서나 물건을 사고팔 수 있는 전자 상거래도 활발하지요.

- **외신**(外바깥 외 信)
  외국으로부터 온 소식
- **통신 수단**(通信 手손 수 段단계 단)
  통신할 때 쓰는 전달 매체나 도구
- **통신망**(通信 網그물 망)
  그물처럼 짜놓은 통신 조직
- **컴퓨터 통신망**
  컴퓨터끼리 연결한 통신망
- **인터넷**(internet)
  세계 최대 규모의 컴퓨터 통신망
- **전자 신호**(電번개 전 子아들 자 信號)
  전자 장치가 송수신하는 신호
- **전자 우편**(電子 郵우편 우 便편할 편) = 이메일
  전자신호로 보내는 편지
- **전자 신문**(電子 新새로울 신 聞들을 문)
  컴퓨터 화면으로 보는 신문
- **전자 도서관**(電子 圖그림 도 書글서 館집 관)
  컴퓨터로 자료를 볼 수 있는 도서관
- **전자 상거래**(電子 商장사 상 去갈 거 來올 래)
  컴퓨터 통신으로 물건을 사고파는 일

1 [보기]와 관련이 있으며, 소식을 주고받거나 사람이나 물건이 오고 감을 뜻하는 낱말을 쓰세요.

보기	교 환	무 역
	교 통 편	교 통 량

☐☐

2 주어진 낱말을 넣어 문장을 완성하세요.

1) 교 통 / 환

소식을 주고받거나 사람과 물건이 오고 가는 것은 ☐ , 물건과 물건을 바꾸는 일은 물물 ☐☐이다.

2) 교 몽 방 / 통 / 편

교통에 쓰이는 수단은 ☐☐☐ , 일정한 시간에 오가는 사람이나 차의 양은 ☐☐☐이다.

3) 교 / 무 역

서로 주고받으며 바꾸는 일은 ☐☐ , 각 나라에서 만든 물건을 사고파는 일은 ☐☐이다.

3 문장에 어울리는 낱말을 골라 ○표 하세요.

1) 경상도와 전라도로 갈 수 있는 대전은 (교역 / 교통)의 중심지야.

2) 크리스마스에 친구들과 선물 (교환 / 교역)을 할 거야.

3) 교통량이 많을 때는 (교통경찰 / 소방관)이 수신호로 교통 정리를 해.

4) 남북한의 문화 (교환 / 교류)(이)가 서서히 확대되고 있어.

교통
교역
교통편
교통수단
교통량
대중교통
교통 규칙
교통 신호
교통사고
교통경찰
교환
물물교환
무역
교류
문화 교류

1 [보기]와 관련이 있으며, 신호를 전해서 알리는 것을 뜻하는 낱말을 쓰세요.

보기 신 호   방 송   외 신
      수 신   통 신 망

2 주어진 낱말을 넣어 문장을 완성하세요.

1) 통 / 신 호
소식이나 정보를 알리는 소리나 기호, 몸짓은 ☐☐,
신호를 전해서 알리는 것은 ☐☐이다.

2) 방 / 송 신
신호를 보내는 것은 ☐☐,
영상이나 소리 신호를 보내는 것은 ☐☐이다.

3) 수 / 외 신
신호를 받는 것은 ☐☐,
외국으로부터 온 소식은 ☐☐이다.

3 문장에 어울리는 낱말을 골라 ○표 하세요.

1) 인터넷은 컴퓨터 (통신망 / 통신 수단)을 연결한 거야.
2) 곧 비행기 기장님의 안내 (방송 / 수신)이 시작됩니다.
3) 인터넷에서 물건을 구입하는 (전자 상거래 / 전자 우편)이(가) 많아지고 있어.

4 예문에 알맞은 낱말을 빈칸에 쓰세요. [사회]

☐☐ ☐☐의 발달은 우리의 일상생활에 많은 변화를 가져왔습니다. 전화나 텔레비전, ☐☐☐을 통해 집에 가만히 앉아서 물건을 사고팔 수 있습니다. 또한 다른 나라에서 일어나는 일들도 각국의 ☐☐ 보도로 생생하게 알 수 있게 되었습니다.

송신
통신
신호
방송
수신
수신기
위성 방송 수신기
음향 수신기
외신
통신 수단
통신망
컴퓨터 통신망
인터넷
전자 신호
전자 우편
이메일
전자 신문
전자 도서관
전자 상거래

세모와 네모는 모가 났지

세모는 성격이 모가 나서 걱정이야.

빡!

세모가 사람이라면 어떤 성격일까요? 아마도 모가 나서 까칠하지 않을까요? 모는 구석이나 모퉁이의 뾰족한 부분이에요. 그래서 삼각형, 사각형을 순우리말로 세모, 네모라고 해요. 모난 곳이 세 개, 네 개라는 뜻이에요. 이처럼 일상생활에서 쓰는 순우리말이 수학 시간에 종종 나와요. 한자어처럼 뜻이 숨어 있지 않고 바깥으로 드러나 있어서 이해하기 훨씬 쉽지요.

도형과 관련된 우리말 수학 용어

모눈이나 모서리 하면 무엇을 말하는지 바로 알겠죠?

모눈은 세로줄과 가로줄을 일정한 간격으로 여러 번 그었을 때 생기는 네모난 눈금을 말해요.

모눈이 그려진 종이는 모눈종이, 모눈종이를 한자어로 옮기면 방안지라고 해요. 들어봤지요?

모서리는 모가 진 가장자리예요. 일상생활에서는 모서리의 범위가 가장자리 어디 만큼인지 두루뭉술해요. 그렇지만 수학에서는 확실하지요. 입체 도형에서 면과 면이 만난 경계만을 모서리라고 하거든요.

세모

세 개의 모, 삼각형

모
구석이나 모퉁이의 뾰족한 부분

네모
네 개의 모, 사각형

모눈
네모난 눈금

모눈종이
모눈을 그린 종이

방안지(方 네모 방 眼 구멍 안 紙 종이 지)
모눈을 그린 종이

모서리
물체의 모가 진 가장자리

수학 입체 도형에서 면과 면이 만나는 경계

수와 관련된 우리말 수학 용어

"둘, 넷, 여섯, 여덟, 열…"
이렇게 수를 일정하게 건
너서 세는 것을 뛰어 세기
라고 해요.

어떤 수를 두 개 이상의 수
로 가르는 것은 가르기, 반

대로 둘 이상의 수를 모아 하나의 수로 모으는 것은 모으기예요.
3을 2나 1, 또는 1이나 2로 가르는 것은 가르기이고, 1과 2,
또는 2와 1을 모아서 3으로 만드는 것은 모으기지요.

덧셈에서 더하는 수의 합이 10을 넘을 때, 10을 받아 한 자리
올리는 것은 받아올림이에요. 15+7에서 5+7이 12가 되므로
10을 십의 자리로 받아올림 해서 계산하지요.

반대로 뺄셈에서 작은 수로 큰 수를 뺄 수 없을 때 한 자리 위에
서 10을 받아 내려서 계산하는 것은 받아내림이에요. 25-7이
라면 5에서 7을 뺄 수 없으니까, 십의 자리에서 10을 받아내림
해서 계산해요.

버림은 아래 자리의 수를 버려서 0으로 나타내는 것이에요.
132에서 일의 자리를 버림하면? 맞아요. 130이 되지요.

몫은 나누었을 때 똑같이 나누어 가지는 수, 나머지는 남는 수
예요. 7개의 사과를 3명이 나누어 가지면 3명이 똑같이 갖는
몫은 2개이고, 나머지는 사과 1개가 되겠지요.

뛰어 세기
수를 일정하게 건너서 세는 것

가르기
어떤 수를 두 개 이상의 수로 가르는 것

모으기
둘 이상의 수를 모아 하나의 수로 모으는 것

받아올림
10을 받아 한 자리 올리는 것

받아내림
10을 받아 내리는 것

$$
\begin{array}{cc}
\overset{1}{} & \overset{1\ 10}{} \\
1\ 5 & 2\ 5 \\
+\quad 7 & -\quad 7 \\
\hline
2\ 2 & 1\ 8
\end{array}
$$

받아올림　　받아내림

버림
아래 자리의 수를 버려서 0으로 나타내는 것

몫
나누었을 때 똑같이 나누어 가지는 수

나머지
남는 수

네	모 눈	모 서 리		모	받 아 올 림
세 모				으	
	모 눈 종 이	몫	가 르 기	기	받 아 내 림

옛날 원시시대에는 물고기나 사과를 어떻게 세었을까요? 하나씩 하나씩 손가락을 꼽으며 세었을 거예요. 그 후 수가 하나 둘 커진 다는 것도 깨달았겠지요. 이렇게 눈앞에 있는 것을 보면서 자연 스럽게 떠올린 수를 자연수라고 해요. 1, 2, 3, 4, 5… 같은 수 지요. 그렇다면 눈에 보이지 않는 것은 셀 수 없을까요?

정수의 종류를 나타내는 낱말

자연수는 짝수와 홀수로 나눌 수 있어요.

2, 4, 6, 8…처럼 둘이 짝을 지을 때 짝이 맞는 수는 짝수,

1, 3, 5, 7…처럼 홀로 남는 수가 생겨 짝이 안 맞는 수는 홀수 지요.

자연수가 아닌 수도 있어요. 시험 문제에서 한 문제도 맞추지 못했을 때 영점을 맞았다고 하잖아요. 영점의 0은 아무런 값이 없는 수예요. 배우기 전에는 알기 어려운 수지요.

0을 기준으로 0보다 큰 수와 작은 수로 나눌 수도 있어요.

이때 오른쪽에 있는 수가 0보다 큰 수인 양수예요.

왼쪽에 있는 수는 0보다 작은 수인 음수라고 하지요.

自	然	數
스스로 자	그럴 연	숫자 수

1, 2, 3…과 같이 자연스럽게 알게 되 수

■ 짝수(數)
짝이 맞는 수

■ 홀수(數)
짝이 안 맞는 수

■ 영(0)
아무런 값이 없는 수

■ 양수(陽볕양 數)
0보다 큰 수

■ 음수(陰그늘음 數)
0보다 작은 수

음수는 자연수가 아니에요. 자연수에 '−' 부호를 붙여 써요.

이렇게 0과 음수, 자연수를 합친 수가 정수예요.

정수는 −2, −1, 0, 1, 2 처럼 가지런히 정리할 수 있지요.

소수를 나타내는 낱말

학교나 병원에서 시력 검사를 해 본 적이 있지요? 1.2, 0.8, 0.5, 이렇게 시력을 표기하잖아요. 0.1, 0.2 같은 수는 작은 수라는 뜻에서 소수라고 해요. 숫자와 숫자 사이에 있는 점은 소수점이라고 하고요. 소수점 오른쪽에 숫자가 있으면 소수지요.

소수는 일의 자리보다 작은 자릿값을 가진 수지요.

$\frac{1}{2}$, $\frac{1}{3}$…과 같은 수는 전체를 나누어 부분을 나타낸 수라고 해서 분수라고 해요. $\frac{1}{2}$=0.5라고 해도 맞아요. 모든 분수는 이처럼 소수로 나타낼 수 있거든요.

소수 중에 0.3333…처럼 소수점 아랫자리의 숫자가 무한히 반복되는 소수를 무한 소수라고 해요. 반면 0.5처럼 소수점 아랫자리 숫자가 계속 이어지지 않고 유한한 소수는 유한 소수지요.

자연수 아닌 수가 참 많지요? 수학은 어렵지만 잘 알아두면 눈에 보이지 않는 것도 세거나 계산할 수 있답니다.

정수(整가지런할 정 數)
자연수, 0, 음수

소수(小작을 소 數)
일의 자리보다 작은 자릿값을 가진 수

소수점(小數 點점 점)
소수 부분과 정수 부분 사이에 찍는 점

분수(分나눌 분 數)
나누어서 나타낸 수

무한 소수(無없을 무 限한도 한 小數)
소수점 아랫자리 숫자가 무한히 반복되는 소수

유한 소수(有있을 유 限小數)
소수점 아랫자리 숫자가 계속 이어지지 않고 유한한 소수

🔔 양수를 '양의 정수', 음수를 '음의 정수'라고도 해요.

🔔 무한 소수 중에는 3.1415… 처럼 소수점 아래 수가 반복되지 않고 끝없이 이어지는 소수도 있어요.

1 공통으로 들어갈 낱말을 쓰세요.

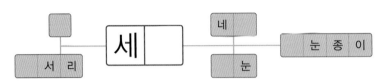

세모
모
네모
모눈
모눈종이
방안지
모서리
뛰어 세기
가르기
모으기
받아올림
받아내림
버림
몫
나머지

2 주어진 낱말을 넣어 문장을 완성하세요.

1)
모
으
가 르 기

어떤 수를 두 개 이상의 수로 가르는 것은 ☐☐, 둘 이상의 수를 모아 하나의 수로 모으는 것은 ☐☐☐이다.

2)
모 서 리
눈

네모난 눈금은 ☐☐, 물체에서 모가 진 가장자리는 ☐☐☐이다.

3 문장에 어울리는 낱말을 골라 ○표 하세요.

1) 10조각의 피자를 3명에게 나누면 한 사람의 (몫 / 나머지)(은)는 3조각이야.

2) 10, 20, 30처럼 10씩 (받아내림 / 뛰어 세기)(을)를 하면 다음에 오는 수는 40이지.

4 예문에 알맞은 낱말을 빈칸에 쓰세요. [수학]

1
3 6
+ 7
4 3

6+7=13에서 3을 일의 자리에 쓰고, 10은 ☐☐☐☐해서, 십의 자리 숫자 위에 작게 1이라고 씁니다.

1 공통으로 들어갈 낱말을 쓰세요.

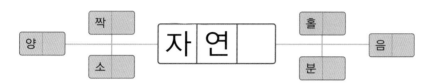

| 자연수 |
| 짝수 |
| 홀수 |
| 영(0) |
| 양수 |
| 음수 |
| 정수 |
| 소수 |
| 소수점 |
| 분수 |
| 무한 소수 |
| 유한 소수 |

2 주어진 낱말을 넣어 문장을 완성하세요.

1) 홀
짝 수
짝을 지을 때 짝이 맞는 수는 ☐☐ , 짝이 안 맞는 수
는 ☐☐ 이다.

2) 분
정 수
전체를 나누어서 부분을 나타낸 수는 ☐☐ , 자연수,
0, 음수를 다 합친 수는 ☐☐ 이다.

3) 양
음 수
0보다 큰 수는 ☐☐ ,
0보다 작은 수는 ☐☐ 이다.

3 문장에 어울리는 낱말을 골라 ○표 하세요.

1) 모든 (짝수 / 홀수)는 2로 나누어 떨어져.

2) 1을 반으로 나눈 수인 $\frac{1}{2}$은 (분수 / 소수)야.

3) $\frac{1}{2}$을 (분수 / 소수)로 나타내면 0.5야.

4) 자연수 23 가운데 (소수점 / 정점)을 찍으면 2.3의 소수가 돼.

5) 영하 10℃는 (양수 / 음수)인 −10℃라고 표현할 수 있어.

여러 가지 뜻의 낱말, 다의어

순이의 특징에서 첫 번째 머리는 사람의 몸에서 목 위의 부분을 의미해요. 두 번째는 머리털을 뜻하죠. 세 번째 머리는 생각하고 판단하는 능력이라는 뜻도 있어요. 이처럼 두 가지 이상의 여러 가지 뜻을 가진 낱말을 다의어라고 하죠. 여기서 '어(語)'는 말이나 단어를 뜻해요. 단어는 낱말을 뜻하는 한자어예요. 그래서 '어'가 들어간 낱말은 그것이 어떤 말인가를 나타내요.

소리와 뜻의 관계를 보여 주는 낱말

말은 소리와 뜻으로 되어 있지요? 소리는 한자로 음(音), 뜻은 의(義)예요. '음'과 '의'가 어떤 말인지를 알려 주는 힌트가 된답니다.

뜻이 서로 비슷한 낱말은 유의어라고 해요.
뜻이 서로 같은 낱말은 동의☐,
뜻이 서로 반대인 낱말은 반의☐,
뜻이 서로 다른 낱말은 이의☐라고 하지요.
동음이의어는 소리는 같지만 뜻이 서로 다른 낱말이에요. 반대로 이음동의어는 소리는 다르지만 뜻이 서로 같은 낱말이고요.

多 많을 다	義 뜻 의	語 말 어

두 가지 이상의 여러 가지 뜻을 기진 낱말

- **단어**(單기본 단 語)
  낱말
- **유의어**(類비슷할 유 義語)
  뜻이 서로 비슷한 낱말
- **동의어**(同같을 동 義語)
  뜻이 서로 같은 낱말
- **반의어**(反반대할 반 義語)
  뜻이 서로 반대인 낱말
- **이의어**(異다를 이 義語)
  뜻이 서로 다른 낱말
- **동음이의어**(同音소리 음 異義語)
  소리는 같지만 뜻이 서로 다른 낱말

예를 들어 '먹는 배'와 '타고 다니는 배'처럼 소리만 같고 뜻이 아예 다른 낱말은 동음이의어예요. 책방과 서점은 유의어고요. 오른쪽과 왼쪽은 반의어지요.

여러 가지 관계를 보여 주는 낱말

낱말 사이에는 위아래로 포함 관계에 있는 말들도 있어요. 위에서 포함하는 말은 상위어, 아래에 포함되는 말은 하위어라고 해요. 소, 돼지, 양, 염소, 닭을 묶을 수 있는 낱말은 가축이지요? 여기에서 가축은 상위어이고, 소, 돼지, 양 등은 가축에 대한 하위어이지요.

낱말을 나눌 수 있느냐 없느냐에 따라서도 구분할 수 있어요. '꽃, 손, 발, 작다'처럼 둘로 나눌 수 없는 말은 단일어라고 해요. 이런 단일어가 서로 겹치거나 합쳐져 새로운 말을 만드는데, 이를 복합어라고 하지요. 손발은 '손'과 '발'이 합쳐진 복합어예요.

한편, 어(語)로 끝나는 낱말 중에는 '어'를 '말'로 풀이하는 게 더 자연스럽고 쉬운 경우도 있어요.

의태□는 모습을 흉내 내는 말, 의성□는 소리를 흉내 내는 말, 숙어는 오래 쓰다 보니 익숙해진 말이지요.

아장아장은 '의태어', '으앙으앙'은 의성어예요.

- **이음동의어**(異음音同義의 語) 소리는 다르지만 뜻이 서로 같은 낱말
- **상위어**(上위상 位자리 위 語) 낱말 사이에 위아래로 포함 관계가 있을 때 위에서 포함하는 낱말
- **하위어**(下아래 하 位語) 낱말 사이에 위아래로 포함 관계가 있을 때 아래에 포함되는 낱말
- **단일어**(單 一한일 語) 둘로 나눌 수 없는 말
- **복합어**(複겹칠복 合합할합 語) 단일어를 겹치거나 합쳐서 만드는 새로운 말
- **의태어**(擬 흉내 낼 의 態모습 태 語) 모습을 흉내 내는 말
- **의성어**(擬 聲소리 성 語) 소리를 흉내 내는 말
- **숙어**(熟익을 숙 語) 익숙해진 말

씨낱말 / 교과 내봉어

조형을 창조하는 예술 작품

캬~ **조형**이 예술이네. 아름다워!

어떻게 이런 작품을 **창조**했을까?

미술이나 조각을 흔히 조형 예술이라고 불러요. 조형은 만들 조(造)와 형상 형(形)이 합쳐진 낱말로 형상을 만든다는 뜻이에요. 마음속에 떠올린 형상을 여러 가지 재료로 창조하는 것이지요. 창조는 처음으로 만든다는 뜻이거든요. 그러니까 조형 예술은 형상을 창조하는 예술이라고 할 수 있어요. 이런 형상으로 창조된 물체를 조형물이라고 해요. 어렵게 생각하지 마세요. 예술가들이 만드는 작품이 바로 조형이니까요.

조형을 이루는 기본 낱말

미술에서 형상의 창조는 보통 점에서 시작돼요. 스케치북에 선을 하나 그리려 해도 일단 연필을 스케치북 어딘가에 찍어야 하잖아요. 그 어딘가 하나하나가 다 점이죠.

그 점들이 이어져 선이 되고, 선이 여러 개 겹쳐지면 선으로 둘러싸인 표면이 생기는데, 이것이 면이 돼요. 이 면이 어떤 일정한 모양을 갖추면 형이라고 해요. 삼각형, 원형이라고 말하잖아요. 형이 사물의 모양을 만들었다면, 이제 색을 입혀 볼까요?

점, 선, 면을 이용해 멋진 풍차 모양을 그렸네요.

造 만들 조	形 모양 형

여러 가지 재료로 형상을 만듦

- **조형물**(造形 物물건물)
조형으로 만든 물체
- **창조**(創비롯할창 造)
처음으로 만듦
- **형상**(形 象모양상)
사물의 생긴 모양이나 상태
- **점**(點점 점)
미술 위치만 있는 조형의 기본 단위
- **선**(線줄 선)
미술 점을 이은 것
- **면**(面면 면)
선으로 둘러싸인 표면
- **형**(形)
면이 모여 만드는 사물의 모양
- **색**(色빛 색)
물체가 나타내는 빛

이제 풍차에 색을 입히고 있어요.
우리 고유의 오방색으로 칠하는
건 어떨까요?

오방색은 다섯 방향을 나타내는
색이에요. 황색은 중앙을, 청색
은 동쪽, 백색은 서쪽, 적색은 남
쪽, 흑색은 북쪽을 나타내지요.

이렇게 각각 다른 색깔을 미술에서는 색상이라고 해요.

색상의 밝고 어두운 정도는 명도, 선명하고 탁한 정도는 채도라
고 하지요.

"저 풍차 그림은 명도와 채도가 모두 높은 색으로 칠해져 있네
요."라고 말한다면 풍차가 밝고 선명해 보인다는 뜻이에요.

색칠까지 마쳤다면 이제 조형이 완성된 걸까요?

아니에요. 좀 더 개성 있는 조형을 위해서는 질감이나 양감, 명
암도 필요해요.

질감은 물체의 재질이 주는 감촉이에요.

양감은 부피나 무게, 덩어리가 주는 감촉이고요.

명암은 밝고 어두운 정도를 말하는데, 빛의 방향과 거리에 따라
다르게 나타내요. 조각이 아닌 그림에서는 주로 명암으로 양감
을 표현해요.

어때요? 질감, 양감, 명암이 들어가면 조형 작품이 훨씬 더 입
체적이고 살아 있는 것처럼 느껴지겠죠?

오방색(五다섯오 方방향방 色)
황(가운데), 청(동), 백(서), 적
(남), 흑(북)의 다섯 방향을 나
타내는 색

색상(色 相서로상)
빨강, 노랑, 파랑 등의 이름으
로 다른 색을 구별하는 성질

명도(明밝을명 度정도도)
색의 밝고 어두운 정도

채도(彩채색채 度)
색의 선명한 정도

질감(質바탕질 感느낄감)
물체의 재질이 주는 감촉

양감(量헤아릴양 感)
물체의 부피나 무게, 덩어리가
주는 감촉

명암(明 暗어두울암)
밝고 어두움

다 이 어

1 공통으로 들어갈 낱말을 쓰세요.

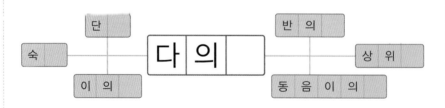

단 / 숙 / 이 의 → **다 의** ← 반 의 / 상 위 / 동 음 이 의

(선택지)
디의이
단어
유의어
동의어
반의어
이의어
동음이의어
이음동의어
상위어
하위어
단일어
복합어
의태어
의성어
숙어

2 주어진 낱말을 넣어 문장을 완성하세요.

1) 숙 / 단 어
익숙한 말은 ☐☐, 낱말은 ☐☐이다.

2) 복 / 합 / 답 인 어
둘로 나눌 수 없는 말은 ☐☐☐, 단일어를 겹치거나 합쳐서 마든 새루운 만은 ☐☐☐이다.

3) 하 / 위 / 상 위 어
낱말 사이에 위아래로 포함 관계가 있을 때 위에서 포함하는 낱말은 ☐☐☐, 아래에 포함되는 낱말은 ☐☐☐이다.

3 문장에 어울리는 낱말을 골라 ○표 하세요.

1) 남성과 여성 두 낱말은 (유의어 / 반의어) 관계에 있어.

2) '아침에 먹는 아침'이라는 문장에서 아침은 (이의어 / 다의어)야.

3) 공책, 연필, 지우개를 포함하는 학용품은 (상위어 / 하위어)지.

4) '멍멍'은 강아지가 짖는 소리를 흉내 내는 (의성어 / 의태어)야.

5) '느릿느릿'은 거북이가 움직이는 모습을 흉내 내는 (의성어 / 의태어)지.

① [보기]와 관련이 있으며, 여러 가지 재료로 형상을 만듦을 뜻하는 낱말을 쓰세요.

보기 창 조 형 상 색 상
      점 선 면 명 암

▢▢

② 주어진 낱말을 넣어 문장을 완성하세요.

1) 창
   조 형

여러 가지 재료로 형상을 만드는 것은 ▢▢, 처음 만드는 것은 ▢▢이다.

2) 색
   형 상

사물의 생긴 모양이나 상태는 ▢▢, 빨강, 노랑, 파랑 등의 이름으로 다른 색을 구별하는 성질은 ▢▢이다.

3) 질
   양 감

물체의 재질이 주는 감촉은 ▢▢, 부피나 무게, 덩어리가 주는 감촉은 ▢▢이다.

③ 문장에 어울리는 낱말을 골라 ○표 하세요.

1) 색동저고리에는 우리나라 고유의 전통색인 (오방색 / 삼방색)이 있지.
2) 같은 노란색이라도 (채도 / 명도)가 낮으면 탁하게 보여.

④ 예문에 알맞은 낱말을 빈칸에 쓰세요. [미술]

창으로 들어온 햇빛을 받은 쪽은 밝게, 빛이 들어오지 않은 쪽은 어둡게 표현되어 ▢▢이 느껴지는 그림입니다.

조형

조형물

창조

형상

점

선

면

형

색

오방색

색상

명도

채도

질감

양감

명암

어휘 퍼즐

1)	2)									10)
					6)				11)	
3)			4)	5)						
								12)		
7)	8)									
					13)					
9)									14)	
			17)							
	15)		18)						20)	
16)									19)	

정답 | 143쪽

🔑 가로 열쇠

1) 말, 품사, 조교 등의 교회의 교류
3) 밝고 어두움
4) 조형으로 만든 물체
7) 돌고드름, 석회 동굴 천장에 종의 젖꼭지처럼 매달려 있는 돌
9) 남편을 잃고 혼자 지내는 여자
11) 행사를 하는 장소
12) 물체의 모가 진 가장자리
13) 수신하는 기계
14) 0보다 큰 수
16) 신호를 전해서 알림
18) 중국 다리 지역의 암석
19) 쌓이고 쌓이는 것

🔑 세로 열쇠

2) 화산 활동으로 생성된 암석
5) 가열하면 형광등처럼 빛이 나는 돌
6) 암석을 이루는 물질
8) 뜻이 서로 비슷한 낱말
10) 물건의 둘레나 끝자리
12) 둘 이상의 수를 모아 하나의 수로 모으는 것
13) 외국에서 물건을 사들이는 것
14) 물체의 부피나 무게, 덩어리가 주는 감촉
15) 서로 자기 짝이 아닌 신
17) 지금 시대에 하는 방식
20) 적에 맞섬

1 둘의 관계가 <u>다른</u> 하나는? (   )   국어능력인증시험형

① 달걀 – 계란   ② 성공 – 실패   ③ 승리 – 패배

④ 입구 – 출구   ⑤ 집중 – 산만

2 밑줄 친 부분을 가장 적절한 한자어로 바꾼 것은? (   )   국어능력인증시험형

① 나팔꽃은 해가 드는 땅에서 잘 핀다. → 陰地(음지)

② 철수는 스스로 알아서 규칙을 정하고 지킨다. → 自律(자율)

③ 건강을 위해 몸을 움직이는 것이 정신에도 좋다. → 自動(자동)

④ 차가 드나드는 길목에서 사고가 많이 나기 마련이다. → 人道(인도)

⑤ 전염병은 병원에 들어간 환자를 중심으로 확산되었다. → 看病(간병)

3 밑줄 친 낱말의 뜻이 바르지 <u>않은</u> 것은? (   )   국어능력인증시험형

① 분위기가 음침한 게 으스스하다. → 그늘지고 가라앉은 듯한 분위기

② 영화를 보고 감동해 눈물이 마구 흘렀다. → 어떤 느낌이 들어서 마음이
움직이는 것

③ 총에 맞은 사슴은 들숨을 끝으로 생을 마감했다. → 입으로 내 쉬는 숨

④ 철수는 문서 입력 작업에 바쁘다며 축구 연습을 빠졌다. → 컴퓨터에 자
료를 집어넣는 것

⑤ 지구는 자전과 공전을 함께하며 지금도 움직이고 있어. → 혼자 힘으로
스스로 도는 것

4 괄호 안의 한자가 바르지 <u>않은</u> 것은? (   )   KBS 한국어능력시험형

① 가(街)요   ② 동(動)작   ③ 수입(入)   ④ 양(陽)산   ⑤ 자(自)원

5 밑줄 친 낱말에 대한 설명으로 적절하지 <u>않은</u> 것은? (　　)

① <u>휴교</u>란 학교가 잠시 쉬는 걸 말합니다.

② 목적한 바를 이루는 것을 <u>성취</u>라고 합니다.

③ <u>외갓집</u>이란 바깥에 있는 집을 말할 때 씁니다.

④ <u>출처</u>란 사물이나 말이 생기거나 근거가 나온 곳을 말합니다.

⑤ 결혼이나 생일 등을 축하하며 부르는 노래를 <u>축가</u>라고 합니다.

6 〈보기〉는 우리말의 어떤 특징과 관련한 설명이다. 빈칸에 알맞은 말을 바르게 짝 지은 것은? (　　)

┌─〈보기〉────────────────────
│ (가) 달걀과 계란처럼 낱말 중에는 같은 뜻을 한자로 옮겨서 (가)(　　　)만 달
│ 　　라진 말들이 있습니다.
│ (나) 다른 예를 보면, 물체의 안쪽 부분을 뜻하는 속은 한자어 (나)(　　　)와 뜻
│ 　　이 같습니다.
└────────────────────────

① (가) – 음 (나) – 來　② (가) – 음 (나) – 內　③ (가) – 음 (나) – 心

④ (가) – 향 (나) – 來　⑤ (가) – 향 (나) – 內

7 문맥에 맞는 낱말을 <u>잘못</u> 선택한 것은? (　　)

① 철수는 (엇내기 / 풋내기)라 모든 일에 서투르다니까.

② 오늘은 일이 술술 풀리는 게 매우 (길한 / 흉한) 날이야.

③ 잘못에서 배울 때 성장한다. (실패 / 성취)는 성공의 어머니다.

④ 박수 칠 때 떠나라는 말이 있다. 사람은 (입장 / 퇴장)할 때를 알아야 한다.

⑤ 식물은 뿌리, 줄기, 잎으로 이루어져 있어. 식물은 (전체 / 부분)(을)를
　나타내는 말이야.

8 〈보기〉의 밑줄 친 (가) ~ (라)에 들어갈 낱말로 옳은 것은? (   ) `수학능력시험형`

〈보기〉

비슷한 말이지만 다르게 쓰이는 낱말이 있습니다. '끝'이란 말은 시간이나 순서의 마지막이라는 뜻으로 쓰일 때는 (가)(   )이라는 단어를 대신 사용할 수 있습니다. 반면 긴 물건에서 마지막 부분이라는 의미로 쓰일 때에는 (나)(   )이라는 말로 써야 합니다. 심청과 그의 아버지 심봉사는 다시 만나 행복하게 사는 것으로 '끝이 났다'는 이야기의 끝은 '(다)(   )이 났다'로 바꾸면 자연스럽지만, '(라)(   )이 났다'로 하면 말이 되지 않습니다.

① (가) – 말단 (나) – 결말 (다) – 말단 (라) – 결말

② (가) – 말단 (나) – 결말 (다) – 결말 (라) – 결말

③ (가) – 결말 (나) – 결말 (다) – 말단 (라) – 말단

④ (가) – 결말 (나) – 말단 (다) – 말단 (라) – 결말

⑤ (가) – 결말 (나) – 말단 (다) – 결말 (라) – 말단

9 한자와 그 뜻이 바르지 <u>않게</u> 짝 지어진 것은? (   ) `한자능력시험형`

① 歌 – 노래   ② 敗 – 지다   ③ 休 – 일하다

④ 入 – 들어가다   ⑤ 貴 – 귀하다

10 〈보기〉의 문장 중 한자로 고친 것이 <u>틀린</u> 것은? (   ) `한자능력시험형`

〈보기〉

우리가 쓰는 낱말 중에는 한 글자 한자어 뒤에 동사가 붙어서 새로운 뜻을 갖게 되는 경우가 종종 있습니다. (가)귀찮다는 말은 어원적으로 보면 귀하지 않다는 뜻입니다. 상한 음식을 보면 (나)역겹다고 말합니다. 성질이 (다)급하다 또는 (라)둔하다고 할 때에도 마찬가지입니다. 가난하거나 어려운 상황에 내몰리면 궁지에 몰렸다고 하는데, 이럴 땐 (마)궁하다고 말할 수 있습니다.

① (가) 歸   ② (나) 逆   ③ (다) 急   ④ (라) 鈍   ⑤ (마) 窮

11 밑줄 친 부분을 적절한 낱말로 바꾸지 <u>않은</u> 것은? (   )

① 충분히 받을 만한 값을 받고 파신 겁니다. → 헐값

② <u>양을 대강 헤아려</u> 보니, 이 정도면 얼추 되겠다. → 어림짐작

③ <u>예로부터 전하여 내려오는 방식</u>대로 결혼식을 할 작정이다. → 전통식

④ 희경은 철수에 대해 <u>혼자서만 좋아하며</u> 그리워한다. → 짝사랑

⑤ <u>나랏일을 맡아 돌보는 자리</u>를 두고 다툼이 심해지고 있다. → 벼슬자리

12 밑줄 친 낱말의 뜻이 바르지 <u>않은</u> 것은? (   )

① 수현과 지수는 <u>단짝</u>이다. → 짝, 늘 붙어 다니는 아주 친한 친구

② <u>줄잡아</u> 열 개면 충분하다. → 조금 많게 어림하다

③ <u>수세식</u> 화장실이 확산되는 추세다. → 물로 씻어 내는 방식

④ 너도나도 <u>한자리</u> 하려고 눈이 뻘겋다. → 중요한 벼슬자리

⑤ 할머니는 <u>삯바느질</u>로 아버지를 키웠다고 말씀하시곤 했다. → 품삯을
받고 하는 바느질

13 〈보기〉의 빈칸에 알맞은 낱말을 바르게 짝 지은 것은? (   )

―〈보기〉―

이동 수단이 발달됨에 따라 세계는 아주 가까워졌다. 우리나라는 물론 다른 나라
에도 하루 만에 갈 수 있는 길이 열렸다. 이렇게 세계가 가까워진 건, (가)(   )
수단의 발달 때문이다. 그 덕분에 다른 나라와 물건을 사고팔 수 있는 (나)(   )
이 편리해졌다.

① (가) – 교역 (나) – 송신   ② (가) – 교역 (나) – 교통

③ (가) – 교통 (나) – 교역   ④ (가) – 교통 (나) – 통신

⑤ (가) – 교역 (나) – 통신

⑭ 밑줄 친 낱말에 대한 설명으로 적절하지 <u>않은</u> 것은? (　　　) `KBS 한국어능력시험형`

① <u>의태어</u>란 소리를 흉내 내는 말이야.

② 입체 도형에서 면과 면이 만난 선세를 <u>모서리</u>라고 해.

③ <u>소수</u>란 일의 자리보다 작은 자릿값을 가진 수를 말해.

④ <u>인터넷</u>이란 컴퓨터 통신망끼리 연결한 세계 최대 규모의 통신망이야.

⑤ 마음속에 떠올린 형상을 여러 재료를 이용해 만들어 내는 걸 <u>조형</u>이라고 해.

⑮ 문맥에 맞는 낱말을 <u>잘못</u> 선택한 것은? (　　　) `수학능력시험형`

① 석회 동굴 바닥에는 (<u>석순</u> / 죽순)이 삐죽삐죽 올라와 있다.

② 나누었을 때 똑같이 가지는 수를 (몫 / <u>나머지</u>)(이)라고 한다.

③ 물체의 재질이 주는 (<u>질감</u> / 양감)을 이용해 표현해 보자.

④ 온전한 통일 이전에 남북 간 문화 (교류 / <u>교환</u>)(이)가 선행될 필요가 있다.

⑤ 먹는 배와 타는 배는 소리는 같지만 뜻이 다른 (<u>동음이의어</u> / 동의어)다.

⑯ 〈보기〉의 밑줄 친 (가) ~ (다)에 들어갈 낱말로 옳은 것은? (　　　) `수학능력시험형`

┌─〈보기〉─────────────────────────
│ 눈앞에 보이는 것을 보면서 숫자를 헤아릴 때엔 보통 (가)(　　　)로 헤아린
│ 다. 1, 2, 3, 4, 5… 같은 수를 말한다. 자연수는 둘이 짝을 지을 때 짝이
│ 맞는 (나)(　　　)와 짝을 지을 때 짝이 안 맞는 (다)(　　　)로 구분할 수 있다.
└──────────────────────────────

① (가) – 자연수　(나) – 홀수　(다) – 짝수

② (가) – 유리수　(나) – 짝수　(다) – 홀수

③ (가) – 자연수　(나) – 짝수　(다) – 홀수

④ (가) – 유리수　(나) – 홀수　(다) – 짝수

⑤ (가) – 무리수　(나) – 짝수　(다) – 홀수

📖 **톡톡 문해력 소개글** 다음 소개 글을 읽고, 문제를 풀어 보세요.

> 우리 엄마의 직업은 미술가예요.
> 미술가는 선과 면 그리고 색을 써서 아주 멋진 작품을 <u>창조</u>해요.
> 지난 일요일에 엄마는 그동안 창조한 작품을 모아 전시회를 열었어요.
> 수많은 사람이 엄마의 작품을 보러 왔지요.
> 사람들은 엄마의 작품을 보고 칭찬을 아끼지 않았어요.
> 나는 엄마가 미술가인 것이 자랑스러워요.

1 글쓴이가 무슨 직업을 소개하고 있는지 쓰세요.

☐☐☐

2 이 글의 중심 문장을 완성하세요.

☐☐☐는 ☐, 면, 색을 써서 멋진 ☐☐을 ☐☐하는 직업이다.

3 밑줄 친 낱말과 바꿔 쓸 수 있는 것은? (   )

① 만들어요   ② 조정해요   ③ 창업해요   ④ 도와 주어요

4 이 글의 내용과 <u>다른</u> 것은? (   )

① 미술가는 선, 면, 색을 써서 작품을 창조한다.

② 글쓴이 엄마는 지난 일요일에 전시회를 열었다.

③ 글쓴이 엄마의 작품을 보기 위해 수많은 사람이 전시회장을 찾았다.

④ 전시회에 온 사람들은 글쓴이 엄마의 작품을 보고 혹평했다.

톡톡 문해력 기행문 **다음 기행문을 읽고, 문제를 풀어 보세요.**

지난 토요일, 우리 가족은 충청북도 단양에 있는 고수 동굴로 여행을 갔다.

우리는 아침 일찍 아버지의 자동차를 타고 단양으로 출발했다. 1시간 30분 만에 고수 동굴에 도착해서 입장권을 샀다. 그랬더니 매표소 직원이 장갑을 주었다. 동굴 안이 미끄러워서 장갑을 꼭 껴야 하기 때문이었다. 동굴 안은 시원했지만 가파른 계단이 많아서 조금 힘들었다. 동굴 안에는 종유석, 석순, 석주와 같은 신기한 돌들이 많았다.

오랜만에 가족과 함께 여행을 하니 너무 즐거웠다. 그리고 과학 시간에 배운 석회 동굴을 직접 보니 신기하고 신비로웠다.

1 글쓴이네 가족은 어느 지역으로 여행을 갔는지 빈칸에 쓰세요.

□□□□ □□

2 글쓴이는 이 글을 왜 썼나요? ( )

① 종유석, 석순, 석주가 무엇인지 알려 주기 위해서

② 고수 동굴을 여행하면서 보고, 듣고, 느끼고, 겪은 것을 쓰기 위해서

③ 고수 동굴이 여행 장소로 적당하다는 것을 주장하기 위해서

④ 고수 동굴에 가기 위해서 어떤 교통편을 이용해야 하는지 알려 주기 위해서

3 밑줄 친 낱말의 반대말은? ( )

① 시작했다 　　 ② 도착했다 　　 ③ 멈추었다 　　 ④ 움직였다

4 이 글의 내용과 다른 것은? ( )

① 글쓴이 가족은 고수 동굴로 여행을 갔다.

② 고수 동굴은 석회 동굴이다.

③ 고수 동굴을 관람할 때는 장갑이 필요 없다.

④ 석회 동굴 안에는 종유석, 석순, 석주 등이 있다.

정답

어휘 퍼즐 | 72쪽

¹¹애			⁵자	서	⁶전	
호					⁷승	패
²엇	박	³자		⁸승		¹⁰사
		⁴동	영	상	⁹자	포	자	기
		차				그
	¹¹신			¹⁴휴		¹⁷안	릇
¹²의	부		¹⁵온	종	일	식
복(상)		¹⁶출				¹⁸출	처
	¹³노	동	요			²⁰연	휴
	출			¹⁹해	변	가

어휘 퍼즐 ┃134쪽

¹⁾문	화	교	류						¹⁰⁾가		
성					⁶⁾광			¹¹⁾식	장		
³⁾명	암		⁴⁾조	⁵⁾형	물				자		
				석			¹²⁾모	서	리		
⁷⁾종	⁸⁾유	석					으				
	의					¹³⁾수	신	기			
⁹⁾홀	어	미				입			¹⁴⁾양	수	
					¹⁷⁾현			감			
¹⁵⁾짝		¹⁸⁾대	리	암					²⁰⁾대		
¹⁶⁾통	신	식							¹⁹⁾퇴	적	

종합 문제 ┃135~139쪽
1. ① 2. ② 3. ③ 4. ① 5. ③ 6. ② 7. ④ 8. ⑤ 9. ③ 10. ①
11. ① 12. ② 13. ③ 14. ① 15. ④ 16. ③

문해력 문제 ┃140~141쪽
1. 미술가 2. 미술가, 선, 작품, 창조 3. ① 4. ④

1. 충청북도 단양 2. ② 3. ② 4. ③

집필위원

정춘수	권민희	송선경	이정희	신상희	황신영	황인찬	안바라
손지숙	김의경	황시원	송지혜	한고은	김민영	신호승	
강유진	김보경	김보배	김윤철	김은선	김은행	김태연	김효정
박 경	박선경	박유상	박혜진	신상원	유리나	유정은	윤선희
이경란	이경수	이소영	이수미	이여신	이원진	이현정	이효진
정지윤	정진석	조고은	조희숙	최소영	최예정	최인수	한수정
홍유성	황윤정	황정안	황혜영				

문해력 잡는 초등 어휘력 A-4 단계

글 송선경 황신영 황인찬 손지숙
그림 쌈팍
기획 개발 정춘수

1판 1쇄 인쇄 2025년 1월 16일
1판 1쇄 발행 2025년 1월 31일

펴낸이 김영곤 **펴낸곳** ㈜북이십일 아울북
프로젝트2팀 김은영 권정화 김지수 이은영 우경진 오지애 최윤아
아동마케팅팀 명인수 손용우 양슬기 이주은 최유성
영업팀 변유경 한충희 장철용 강경남 김도연 황성진
표지디자인 박지영 임민지

출판등록 2000년 5월 6일 제406-2003-061호
주소 (우 10881) 경기도 파주시 문발동 회동길 201
연락처 031-955-2100(대표) 031-955-2122(팩스)
홈페이지 www.book21.com

ⓒ ㈜북이십일 아울북, 2025

ISBN 979-11-7357-044-5
ISBN 979-11-7357-036-0 (세트)

・제조자명 : ㈜북이십일	・제조연월 : 2025. 01. 31.
・주소 : 경기도 파주시 회동길 201(문발동)	・제조국명 : 대한민국
・전화번호 : 031-955-2100	・사용연령 : 3세 이상 어린이 제품